통일 세대를 위한 **남북한 언어 탐구생활**

우리말
통일사전

통일 세대를 위한
남북한 언어 탐구생활

우리말 통일사전

2018년 12월 20일 초판 1쇄 발행
2019년 9월 30일 초판 2쇄 발행

글 글썸(U&J)
그림 이명선
감수 강경민

발행인 안현동
편집인 황민호
편집장 석인수
편집 글썸(U&J) 박상은, 강민규, 주수련, 김민소
디자인 글썸(U&J) 임재승

펴낸곳 대원씨아이(주) www.dwci.co.kr
등록 1992년 5월 11일 등록 제3-563호
주소 서울시 용산구 한강대로 15길 9-12
전화 02-2071-2151
팩스 02-749-2105

값 13,000원
*잘못된 책은 구입하신 곳에서 교환해 드립니다.

ISBN 979-11-334-9910-6 73710

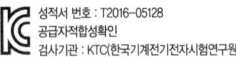
성적서 번호 : T2016-05128
공급자적합성확인
검사기관 : KTC(한국기계전기전자시험연구원)

통일 세대를 위한 **남북한 언어 탐구생활**

우리말
통일사전

글|글씀(U&J) 그림|이명선 감수|강경민

목 차

서문: 통일사전, 어떻게 읽으면 좋을까요? * 8

1장 [옷] * 10

드레스(나리옷), 원피스(외동옷), 투피스(나뉜옷), 외출복(갈음옷), 한복(조선옷), 쫄바지(쫑대바지), 주름치마(양산치마), 털외투(털슈바), 리본(댕기), 스카프(목수건), 넥타이(목댕기), 쉬어 가기, 벙어리장갑(통장갑), 브래지어(가슴띠), 운동화(헝겊신), 실내화(방안신), 슬리퍼(끌신), 함께 읽어 보아요, 함께 해 보아요

2장 [음식] * 30

도넛(가락지빵), 분유(가루젖), 카스텔라(설기과자·설기빵), 어묵(물고기떡·고기떡), 누룽지(가마치), 숭늉(밥숭늉), 볶음밥(기름밥), 꽁보리밥(강보리밥), 잡곡밥(얼럭밥), 도시락(곽밥), 강낭콩(줄당콩), 팥고물(팥보숭이), 채소(남새), 양배추(가두배추), 양파(둥글파·옥파), 상추(부루), 피망(사자고추), 멜론(향참외), 주스(과일단물), 탄산음료(탄산단물), 잼(과일단졸임), 개고기(단고기), 족발(발쪽찜), 찌개(남비탕), 육개장(소단고기국), 수제비(뜨더국), 달걀(닭알), 계란말이(닭알말이), 달걀찜(닭알찜·닭알두부), 소시지(칼파스), 지하수(땅속물), 빙수(단얼음), 아이스크림(에스키모·얼음과자), 캐러멜(기름사탕), 함께 읽어 보아요, 함께 해 보아요

3장 [신체 · 질병] * 78

가발(덧머리), 파마머리(볶음머리), 까까머리(막머리), 주름살(주글살), 보조개(오목샘·웃음샘), 들창코(발딱코), 각선미(다리매), 종아리(종다리), 창자(밸), 큰창자(굵은밸), 작은창자(가는밸), 적혈구(붉은피알), 혈액형(피형), 코나팔(코나발), 치통(이쏘기), 관절통(뼈마디아픔), 두드러기(풍은진), 건망증(망각증), 편두통(쪽머리아픔), 수면제(잠약), 다이어트(몸까기), 돌연변이(갑작변이), 함께 읽어 보아요, 함께 해 보아요

4장 [운동 · 문화] ★ 104

자유형(뺄헤염), 배영(누운헤염), 평영(가슴헤염), 접영(나비헤염·나비영), 수중발레(수영교예·예술헤염), 공중회전(허공돌기), 물구나무서기(거꾸로서기), 서브(쳐넣기), 스매싱(때려넣기), 리시브(받아치기), 스파이크(순간타격·순간공때리기), 블로킹(막기), 페인트(살짝공·속임 동작), 네트 터치(그물다치기), 자유투(벌넣기), 골밑슛(륜밑넣기), 드리블(곱침), 덩크슛(꽂아넣기), 골키퍼(문지기), 센터 포워드(가운데몰이꾼), 킥오프(첫차기), 코너킥(구석차기), 드리블(몰기), 패스(련락), 슛(차넣기), 헤딩슛(머리받아넣기), 오프사이드(공격어김), 핸들링(손다치기), 프리 킥(벌차기), 페널티 킥(11메터벌차기), 양궁(량궁·활쏘기), 펜싱·검도(격검), 마라톤(마라손), 노크(손기척), 가위바위보(돌가위보·가위주먹), 데이트(산보), 애니메이션(그림 영화), 뮤지컬(가무이야기), 캠페인(깜빠니야), 수화 언어(손가락말), 함께 읽어 보아요, 함께 해 보아요

5장 [표현하는 말] ★ 144

거짓말(꽝포), 검소하다(검박하다), 고자질하다(고자바치다), 우스꽝스럽다(우습강스럽다), 괜찮다(일없다), 까다롭다(말째다), 굳세다(견결하다), 긴장을 하다(탕개를 조이다), 야무지다(오돌지다), 모락모락(몰몰), 알아보다(료해하다), 어설프다(어설궂다), 수다스럽다(다사하다), 임신하다(태앉다), 끼니를 때우다(때식을 에우다), 추진력(내밀성), 함께 읽어 보아요, 함께 해 보아요

6장 [시간 · 장소] ★ 168

이따금(가담가담), 꿈나라(잠나라), 빨리(날래), 금방(인차), 종종(두간두간), 한평생(한당대), 산책로(거님길·유보도), 세탁소(빨래집), 드라이클리닝(화학빨래), 아파트(고층살림집), 주차장(차마당), 출입문(나들문), 언덕(잔메), 터널(차굴), 수로 터널(물길굴), 화장실(위생실), 화장지(위생종이·위생지), 함께 읽어 보아요, 함께 해 보아요

7장 [기구] * 190

관광버스(유람뻐스), 권투 글러브(타격장갑), 냉장고(랭동기), 에어컨(랭풍기), 생활필수품(인민소비품), 물컵(물고뿌), 방부제(썩음막이약), 에스컬레이터(계단승강기), 엘리베이터(수직승강기), 스위치(전기여닫개), 커튼(창가림막), 오토바이(모터찌클), 안전벨트(걸상끈·박띠), 와이퍼(비물닦개), 프라이팬(지짐판), 샴푸(머리비누), 헤어드라이어(건발기), 염색약(머리물감), 함께 읽어 보아요, 함께 해 보아요

8장 [학교생활] * 218

유아원·어린이집(탁아소), 초등학교(소학교), 중·고등학교(중학교), 직통생, 매트(체조깔개), 멜로디언(입풍금), 아코디언(손풍금), 모눈종이(채눈종이), 높은음자리표(쏠음표·고음기호), 필통(필갑통), 볼펜(원주필), 샤프(수지 연필), 스크랩북(오림책), 스카치테이프(붙임띠), 줄자(도래자), 스테이플러(책집게), 소꿉친구(송아지동무), 왕따(몰아주기·모서리주기), 함께 읽어 보아요

9장 [가족·역할] * 242

군인 가족(후방가족), 아내(안해), 장인(가시아버지), 장모(가시어머니), 손자(두벌자식), 소매치기(따기군), 이발사(리발사), 은행의 지점(저금소), 은행원(은행경제사), 벼락부자(갑작부자), 함께 읽어 보아요, 함께 해 보아요

10장 [은어] * 260

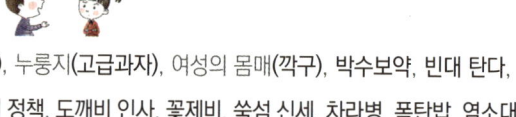

미역국을 먹다(락제국을 먹다), 누룽지(고급과자), 여성의 몸매(깍구), 박수보약, 빈대 탄다, 뼈다구 파낸다, 300%, 다마네기 정책, 도깨비 인사, 꽃제비, 쑥섬 신세, 차라병, 폭탄밥, 염소대조탕, 콩사탕, 호박당원, 늑대, 가락국수, 함께 읽어 보아요, 함께 해 보아요

11장 [수학 용어] ★ 280

빼기(덜기), 공집합(빈모임), 교집합(모임의 사귐·적모임), 합집합(모임의 합), 벤다이어그램(모임그림), 정삼각형(바른삼각형), 정사각형(바른사각형), 정육면체(바른육면체), 내각(아낙각), 외각(바깥각), 예각(뾰족각), 둔각(무딘각), 동위각(같은자리각), 합동(꼭맞기), 등호(같기기호·같기표), 부등호(안같기기호), 등식(같기식), 부등식(안같기식), 항등식(늘같기식), 정수(옹근수), 소수(씨수), 순환소수(무한되풀이소수), 역수(거꿀수), 함께 읽어 보아요, 함께 해 보아요

12장 [IT 용어] ★ 298

컴퓨터(콤퓨터), 노트북(노트형콤퓨터), 모니터(영상표지말단·감시기), 키보드(자모건·콤퓨터건반), 컬러프린터(천연색인쇄기), 라우터(경로기), 업데이트(갱신), 백업(예비 복사), 백신(왁찐), 네티즌(망시민), 인터넷 서핑(망유람), 온라인 게임(직결 유희), 랜(국부망), 비밀번호(통과암호), 업로드(올리적재·올려싣다), 다운로드(내리적재·내려싣다), 스크롤바(흘림띠), 스크롤(화면흘리기), 캡처(화면얻기), 함께 읽어 보아요, 함께 해 보아요

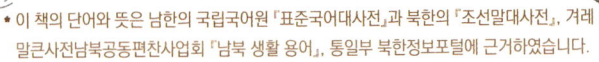

• 이 책의 단어와 뜻은 남한의 국립국어원 『표준국어대사전』과 북한의 『조선말대사전』, 겨레말큰사전남북공동편찬사업회 『남북 생활 용어』, 통일부 북한정보포털에 근거하였습니다.
• 이 책에 나오는 북돌이 캐릭터는 언어 사용의 확연한 차이를 드러내고자 북한 지방 출신으로 설정하였습니다. 단, 하나의 지방이 아닌 다양한 지방 사투리를 사용하였습니다.

서문

통일사전, 어떻게 읽으면 좋을까요?

남한에서는 교양 있는 사람들이 두루 쓰는 현대 서울말을 표준어로 정했어요. 그에 비해 북한의 표준어는 평양말을 중심으로 한 문화어예요.

우리나라 개그맨이나 연기자들이 따라 하는 북한말은 대부분 '평안도 사투리'지 평양말을 기준으로 한 문화어는 아니에요. 따지고 보면 북한의 문화어는 남한의 말과 완전히 다른 언어가 아니지요.

하지만 거의 70년 동안 서로 교류 없이 다른 환경과 문화 속에서 살면서 두 언어가 어느 정도 달라진 것은 어쩌면 당연한 일일 거예요. 북한은 정책적으로 순우리말을 보존해서 사용하려고 노력했기 때문에 우리 어린이들이 문화어의 뜻을 유추하면서 공부해 간다면 그리 어렵지는 않을 거예요.

『우리말 통일사전』에서는 총 열두 가지의 주제로 초등학생이 알아 두면 좋을 350개 정도의 단어를 소개하고 있어요. 여기에는 남한말과 북한말 가운데 뜻은 같지만 다르게 표현되는 단어, 특정한 사람들끼리만 사용하는 은어들이 포함되어 있답니다. 또 단어의 사전적 뜻을 알려 주고 그

단어들을 활용해 재미있는 대화도 구성했어요. 그리고 주제가 끝날 때마다 어린이들이 통일에 앞서 알아 두면 좋을 남한과 북한에 관한 읽을거리와 함께 해 보면 좋을 활동들을 정리했어요.

머지않아 통일이 이루어질 거라고 해요. 여러분은 북한에 대해서 얼마나 알고 있나요? 북한 친구들을 만난다면 어떨 것 같나요? 잘 알지 못해도, 오랫동안 못 보고 지냈어도 우리는 같은 민족이고 한 가족이니까 어색함이 없을까요? 서로의 말을 잘 이해하지 못해도 잘 지낼 수 있을까요?

남한과 북한 사이의 언어 장벽은 통일이 되어도 오랫동안 풀어야 할 숙제예요. 그러니 지금부터 함께 관심을 갖고 준비해 가는 게 어떨까요?

1장

옷

드레스 ♡ 나리옷

원피스로 된 여성용 겉옷으로,
주로 허리선을 강조한 원피스

특별한 날 우리는 **나리옷**을 입어요. **나리옷**은 주로 여성들이 입는 원피스로 된 겉옷을 말하는데, 원피스 one piece 와 투피스 two piece 는 각각 위아래가 붙어 있는 옷과 위아래가 나뉜 옷을 뜻해요. 북한에서는 이를 **외동옷**과 **나뉜옷**이라고 부른답니다.

원피스 ♡ 외동옷
윗옷과 아래옷이 붙어서 한 벌로 된 옷

투피스 ♡ 나뉜옷
여성복에서, 주로 같은 천으로 하여 윗옷과 아래옷이 따로 되어 한 벌을 이룬 옷

옷

외출복 ♡ 갈음옷
나들이할 때 입는 옷

"북돌아, 내일 수영장 놀러 갈 때 갈음옷도 꼭 챙겨 와야 해."
여기서 갈음옷이란 입고 있는 옷 외에 갈아입을 수 있는 옷, 즉 여벌을 뜻해요. 그런데 북한에서 **갈음옷**은 남한의 외출복과 같은 거예요. 북한에서 **갈음옷**은 외출복이고, 남한에서 갈음옷은 갈아입을 옷을 뜻한다는 것, 잊지 마세요!

내래 평양에서 와서리 남조선 어디가 어딘지 **새리새리**하구먼. **갈음옷** 한번 쫙 빼입고 동네 한 바퀴 돌아야갔어.

북돌아, 너 그렇게 입으니까 진짜 잘 어울린다. 몰라보겠어!

* 새리새리: 알쏭달쏭

한복 ♡ 조선옷

우리 민족 고유의 전통 의상

남한에서 한복은 주로 명절, 장례식, 제사를 지낼 때 등 특별한 날에 입지만, 북한에서는 2004년까지 한복, 즉 **조선옷**을 평상복으로도 입었어요. 요즘엔 주로 특별한 자리에 초대되었을 때, 그리고 결혼식 때 신부가 입는답니다.

한편 북한에서는 패션쇼를 **조선옷 품평회**라고 불러요. 여기서는 한복과 양장을 모두 선보이고 있어요.

옷

쫄바지 ♡ 쫑대바지
몸에 딱 달라붙는 바지

주름치마 ♡ 양산치마
허리춤에서 세로로 주름을 많이 잡은 치마

목달개

지팡바지

***목달개**: 칼라
***지팡바지**: 청바지를 가리키는 북한의 은어

　북한에서는 1990년대 무렵부터 **쫑대바지**라고 불리는, 몸에 꼭 달라붙는 바지가 유행했대요. 하지만 북한 당국에서는 '날라리 바지'라며 **쫑대바지** 입는 것을 금지했어요. **쫑대바지**를 좋아한 북한 친구들은 상심이 컸겠지요.

　남한의 주름치마를 북한에서는 뭐라고 할까요? 치마를 쫙 펼치면 양산을 닮았다고 해서 **양산치마**라고 해요. 그리고 몸에 달라붙는 치마를 북한에서는 **좁은통치마**라고 하지요.

옷

털외투 ♡ 털슈바

털이나 털가죽으로 지은 외투

리본 ♡ 댕기

머리, 모자, 선물, 꽃 등에 두르는 끈이나 띠

스카프 ♡ 목수건

춥거나 장식할 때 두르는 천

넥타이 ♡ 목댕기

양복을 입을 때 와이셔츠 깃 아래로 매듭을 지어 두르는 천

북 순: 할아버지, 내 **털슈바** 입고 북돌이랑 **가무이야기** 보러 가려는데, **댕기**로 머리 묶은 거 어이 생각하오? 마무리를 잘했는지 모르갔시오.

할아버지: 북순이 니 너무 곱다야. 근데 날씨가 춥다. **목수건**이라도 더 두르고 가라.

*가무이야기: 뮤지컬

쉬어 가기

목련꽃 목댕기

김만수

목련꽃이 온 힘 다해
문 여는 날 아침 나는
목댕기 매며 몸의 문을 걸어 닫았다
차가운 하늘 한쪽이
목련나무에 찔리는 걸 보았다
언제였던가 처음으로
목댕기 하고 세상으로 나가던 날
아버지 따라
몇 굽이 꼬아 새 길을 끌어내려
배꼽을 덮던 날
바람은 사정없이 내 몸의 틈새를 뒤적이며 스몄다
그때도 목련꽃이 하늘에 하얀 입술을 대던 날이었다
미색 물방울무늬 소보록이 박힌 **목댕기**
몸으로 스미는 바람
새 봄날 궁금해진 햇볕들
짤막하게 날아가는 것 보인다

*본문의 **목댕기**라는 북한말과 관련하여 김만수 시인의 〈목련꽃 **목댕기**〉라는 시를 별도로 다루어 보았습니다. 북한말은 옛 우리말과 유사한 경우가 많으며 과거 남한에서 사용했던 단어도 종종 볼 수 있습니다.

옷

벙어리장갑 ♡ **통장갑**

엄지손가락만 따로 가르고 나머지
네 손가락은 함께 끼게 되어 있는 장갑

추운 겨울, 손이 시릴 때 두 손에 끼면 참 예쁘고 따뜻한 벙어리 장갑 다들 아시지요? 벙어리장갑은 북한말로 **통장갑**이라고 해요.
벙어리장갑과 달리 다섯 개의 손가락을 각각 넣을 수 있게 만든 손가락장갑은 북한에서 **가락장갑**이라고 한답니다.

브래지어 ♡ 가슴띠

가슴을 받쳐 주고 보호하기 위해
감싸는 여성용 속옷

여성들은 가슴이 커지는 시기인 청소년기부터 브래지어를 착용해요. 브래지어는 가슴을 감싸 받쳐 주고 보호하는 역할을 하지요. 북한에서는 이 브래지어를 **가슴띠**라고 불러요. 북한말로 **가슴띠**의 다른 말로는 **젖가슴띠**, **젖싸개**가 있어요.

옷

운동화 ♡ 헝겊신
천으로 만든 신

실내화 ♡ 방안신
집 안이나 교실 같은 건물 안에서 신는 신

슬리퍼 ♡ 끌신

뒤축이 없이 발가락 쪽만 꿰어 편하게 신는 신

요즘 우리가 신는 운동화는 여러 소재로 만들지만, 예전에는 헝겊으로만 만들었기 때문에 북한 사람들은 운동화를 **헝겊신**이라고 불러요. 또 교실이나 방 안에서 신는 실내화는 **방안신**이라는 단어를 사용하지요.

그러면 슬리퍼는 북한에서 뭐라고 할까요? **끌신**이라고 해요. 하지만 끌신은 북한에서만 사용하는 단어가 아니에요. 남한에서도 예전에는 슬리퍼라는 영어 대신 끌신이라는 말을 썼다고 해요.

함께 읽어 보아요

반려동물과 애완동물

 반려란 '짝이 되는 동무'라는 뜻이에요. 남한에서는 요즈음 반려동물이라는 말을 많이 사용하지만 북한에는 반려동물이라는 말이 없어요. 그러면 북한에서는 반려동물을 키우지 않을까요?
 반려동물이라는 말은 없지만, 북한 상류층은 애완용으로, 또는 부를 과시하기 위해 풍산개 같은 동물을 키워요. 풍산개는 남한의 진돗개처럼 북한을 대표하는 개랍니다.

● 북한 친구에게 편지 쓰기

* 오래전 부모님이 우리 친구들만큼 어렸을 때는 이메일이 없었어요. 그래서 먼 곳에 사는 친구나 군인 아저씨, 또는 외국에 사는 친구에게 손 편지를 써서 보내곤 했지요. 우리도 북한 친구들을 떠올리며 편지를 한번 써 볼까요?

2장

음식

음식

도넛 ♡ 가락지빵

밀가루에 베이킹파우더, 설탕, 달걀 따위를
섞어 경단이나 고리 모양으로 만들어
기름에 튀긴 과자

북한 어린이들은 간식으로 부침개나 빵, 떡, 삶은 옥수수 등을 먹어요. 우리가 먹는 도넛처럼 생긴 빵은 **가락지빵**이라고 불러요. 그 밖에도 시장에서 파는 **강냉이튀기**와 **강냉이과자**를 먹기도 해요.

우리가 사 먹는 간식과는 조금 다르지만 북한의 간식들을 먹으면 왠지 건강해질 것 같은 기분이 들지 않나요?

* **강냉이튀기**: 팝콘, 옥수수 뻥튀기
* **강냉이과자**: 옥수숫가루로 만든 과자

분유 ♡ 가루젖

우유 속의 수분을 증발시키고
농축하여 가루로 만든 것

평양에서는 어린이들에게 **가루젖**과 **콩우유**, 빵 등 여러 가지 음식을 공급하고 있어요. 하지만 평양이 아닌 시골에 사는 북한 어린이들에게는 급식이 제대로 지급되지 않기도 해요. 그래서 국제 사회에서는 여러 단체를 통해 북한에 밀가루와 **가루젖**을 지원하고 있답니다.

***콩우유**: 두유

음식

카스텔라
♡ 설기과자 · 설기빵

**밀가루에 설탕, 달걀, 물엿 따위를 넣고
반죽하여 오븐에 구운 빵**

　엄마가 간식으로 챙겨 주시는 부드러운 카스텔라에 우유 한 잔, 입에서 살살 녹지요? 하지만 북한 어린이들은 카스텔라, 즉 **설기과자** 같은 간식보다는 **강냉이튀기**, **강냉이과자** 등에 익숙해요. **설기과자**나 **가락지빵**, **남새빵**, **경단설기**, **칼파스**, **소젖**, **과일단물** 같은 것들은 자주 먹는 간식이 아니랍니다.

***남새빵**: 야채빵　***경단설기**: 북한판 초코파이
***칼파스**: 소시지　***소젖**: 우유　***과일단물**: 주스

북순: 북돌 동무는 서양 간식 중에 뭐가 제일 먹고 싶간?

북돌: 내래 **가락지빵**이랑 **설기과자**에 **소젖** 한 잔 마시고 싶디. 동무는?

북순: 나는 **남새빵**에 **과일단물** 한 잔이면 되갔어.

북돌: **칼파스**도 먹고 싶고 **경단설기**도 먹고 싶고, 먹고 싶은 거야 **수태** 많디.

북순: 북돌 동무, 맛있다고 뭐든 너무 많이 먹으면 배 아파서 **위생실** 들락거려야 하니 욕심부리지 말라우!

***수태**: 양적으로 굉장히
***위생실**: 화장실

음식

어묵 ♡ 물고기떡 · 고기떡

생선 살을 으깨어 소금·녹말·조미료 등을 섞고
나무 판에 올려 쪄서 익힌 음식

니 물고기떡 몇 개나 먹을 거이니?

북한에서는 어묵을 물고기떡이라고 하는구나. 나 물고기떡 네 개 먹을래!

학교가 끝나고 친구들과 집에 오는 길, 꼬치 어묵 하나씩 사 먹으면 정말 맛있지요? 북한의 겨울철 대표 간식도 바로 어묵이에요. 북한에서는 어묵을 **물고기떡** 혹은 **고기떡**이라고 부른답니다. 생선, 즉 물고기를 쫀득쫀득한 떡처럼 만들었다고 해서 붙여진 이름이지요. 그러고 보니 **물고기떡**이라는 순우리말이 잘 어울리기도 하고, 예쁘기도 하네요.

남순이 니 **몸까기** 좀 해야 하지 않갔니?

뭐라고? **몸까기**? 이깟 **물고기떡**이 칼로리가 얼마나 된다고.

***몸까기:** 다이어트

음식

누룽지 ♡ 가마치
솥 바닥에 눌어붙은 밥

숭늉 ♡ 밥숭늉
밥을 지은 솥에서 밥을 푼 뒤
물을 붓고 데운 물

　누룽지가 붙은 밥솥에 물을 부어 데우면 구수한 숭늉이 되지요. 옛날에는 누룽지가 가난의 상징이었지만, 지금은 많은 사람이 밥을 먹고 난 뒤 후식으로 혹은 간식으로 먹어요.

　북한에서는 누룽지를 **가마치**, 숭늉을 **밥숭늉**이라고 부른답니다.

음식

볶음밥 ♡ 기름밥

기름에 볶은 밥

볶음밥은 중국에서는 차오판, 영어권에서는 프라이드 라이스, 우즈베키스탄 등 중앙아시아에서는 오시 또는 플로프라고 불러요. 뜨거운 기름에 밥과 고기, 각종 채소를 넣고 볶은 음식을 북한에서는 **기름밥**이라고 한답니다.

남순: 북돌아, 우리 삼촌이 기름밥 먹고 살기 너무 힘들대.
북돌: 말도 안 되는 소리 집어치라우.
　　　내래 **기름밥** 생각만 해도 군침이 도는구먼 기래.
남순: 그게 아니고, 남한에서 '기름밥 먹는다.'는 말은
　　　기계를 고치거나 만들어서 돈벌이를 한다는 뜻이거든.

음식

꽁보리밥 ♡ 강보리밥

보리쌀로만 지은 밥

잡곡밥 ♡ 얼럭밥

쌀 이외에 보리, 밀, 콩, 팥, 옥수수, 기장, 조 등의 곡식을 넣어 지은 밥

요즘에는 보리밥을 건강식으로 먹지만, 쌀이 귀했던 옛날에는 가난하거나 신분이 낮은 사람이 주로 먹었어요. 100퍼센트 보리로만 만든 밥인 꽁보리밥을 북한에서는 **강보리밥**이라고 해요.

또 잡곡밥을 북한에서는 **얼럭밥**이라고 하는데, 여기서 '얼럭'은 여러 가지가 섞여 있다는 뜻이에요. 남한에도 '얼럭'이 들어가는 말이 있어요. 얼럭집은 여러 가지 다른 양식으로 지은 집을 말한답니다.

북돌: 남순이 니 **깡타이**만 먹고 사니?
남순: **깡타이**?
북돌: 강냉이밥이란 말이디. 내래 남순이
 가 하도 **갈람해서 깡타이**만 먹는
 줄 알았디.
남순: 강냉이밥을 **깡타이**라고 그래?
북돌: 기래. 우리 북조선에는 먹을 것에 관한
 은어가 많디.

* **깡타이**: 강냉이밥을 가리키는 북한의 은어
* **갈람하다**: 갸름하고 호리호리하다

고깔밥	밑에는 잡곡밥을 담고 위에만 쌀밥을 담은 밥 잘 먹이는 듯이 겉치레로 잘 차린 음식
가루밥	강냉이 가루를 섞어 지은 가루 범벅인 밥
대패밥	대패로 민 것처럼 깎듯이 담은 밥
폭탄밥	폭탄을 맞아 움푹 들어간 것처럼 그릇에 조금만 담은 밥
염소대조탕	소금만 넣고 끓인 죽
돈수대근탕	고기는 없고 기름만 떠 있는 국

음식

도시락 ♡ 곽밥
작은 그릇에 반찬을 곁들여 담는 밥

요즘 남한의 학교에서는 급식을 해서 도시락은 특별한 야외 활동을 할 때나 먹어요. 북한은 어떨까요? 북한의 학교에는 급식 시설이 없어요. 그렇다고 **곽밥**을 먹는 것도 아니에요. 학교가 멀지 않아서 오전 수업을 마치면 집으로 돌아가 밥을 먹고 다시 학교에 와서 오후 수업을 하기 때문이에요. 북한 친구들과 경치 좋은 곳에 모여 앉아 **곽밥**을 먹을 수 있는 날을 기대해 보아요.

※ 날래: 빨리

음식

강낭콩 ♡ 줄당콩
콩과의 한해살이풀이나 그 열매

팥고물 ♡ 팥보숭이
팥을 삶아 으깨어 만든 가루

『잭과 콩나무』라는 동화 읽어 보았을 거예요. 동화 속에 나오는 콩나무는 하루 만에 하늘 끝까지 닿을 정도로 빨리 자라요. 잭의 콩나무만큼은 아니지만 강낭콩도 매우 빨리 자라는 식물이에요. 북한에서는 강낭콩을 **줄당콩**이라고 부른답니다.

또 **보숭이**는 떡에 묻히거나 켜켜이 뿌리는 가루, 즉 고물을 뜻해요. **팥보숭이**는 팥고물을, **떡보숭이**는 떡고물을 말하지요.

음식

채소 ♡ 남새

배추, 시금치, 쑥갓, 미나리, 호박, 마늘 등 밭에서 기르는 농작물

북한에는 주식으로 먹는 쌀이나 옥수수가 부족해요. 그래서 **남새**로 죽이나 국을 끓여 부족한 식량을 대신하고 영양을 보충한답니다.

조선중앙TV에서는 중국에서 오는 미세먼지나 황사로부터 건강을 지키는 데 도움이 되는 다음과 같은 정보를 소개했어요.

신선한 **남새**와 과일 그리고 물고기와 **푸른차**는 인체 내 쌓인 황사 먼지들을 씻어 내는 데 중요한 작용을 한다고 합니다.

* **푸른차**: 녹차

음식

양배추 ♡ 가두배추

배추와 비슷한 십자화과의 두해살이풀

양파 ♡ 둥글파·옥파

백합과의 두해살이풀

가두배추에는 좋은 영양소가 들어 있을뿐더러 우리 몸에 궤양이나 염증이 생기는 것을 막아 줘요. 그래서 위궤양 환자들에게 아주 좋다고 해요.

둥글파(옥파)는 혈압과 혈당을 낮추고, 소화가 잘 되게 해요. 또한 잠을 푹 잘 수 있게 해 주고, 가래를 삭이며, 암을 예방하는 데 큰 효과가 있어요.

가두배추와 **둥글파** 같은 채소를 싫어하더라도 건강을 위해서는 꼭 챙겨 먹어야 해요!

음식

상추 ♡ 부루
국화과의 한해살이풀 또는 두해살이풀

피망 ♡ 사자고추
가짓과의 한해살이풀.
맵지 않고 감미로운 고추들을 통틀어 이르는 말

지난봄 **남새** 값이 너무 올라 **가두배추니 부루, 사자고추** 할 것 없이 사 먹을 수가 없었다. **가두녀성** 동지들은 무척 힘들었을 게야.

그래? 나는 상추에 삼겹살 싸 먹는 걸 제일 좋아하는데!

내래 제일 좋아하는 음식은 **도루메기식혜**야. 고거이 **도루메기**와 무, 좁쌀밥, **사자고추가루**, 매운 **고추가루**, **길금** 등을 섞은 다음 발효시켜 먹는 북조선 음식이디.

* **가두녀성**: 가정주부
* **도루메기**: 도루묵(생선)
* **식혜**: 식해
* **고추가루**: 고춧가루
* **길금**: 엿기름

음식

멜론 ♡ 향참외
박과의 덩굴성 한해살이 식물

주스 ♡ 과일단물
과일이나 야채를 짜낸 즙

탄산음료 ♡ 탄산단물
이산화탄소를 녹인 물에 각종 향료와 색소를 넣어 만든 시원한 음료

여름에 즐겨 먹는 멜론은 북한말로는 **향참외**라고 해요. 생김새는 많이 다르지만 참외와 멜론은 같은 종류지요.

평양시 교외에는 어마어마하게 큰 과수종합농장과 과일가공공장이 있는데, 이곳에서는 여러 가지 과일로 술, 식초, **과일단물**, **탄산단물** 등을 만들어요. 그중 **과일단물**이 가장 큰 인기를 끌고 있답니다. 요즈음에는 과일 맛 **탄산단물**도 만드는데, 북한 사람들이 많이 찾는다고 해요.

음식

잼 ♡ 과일단졸임

과일에 설탕을 넣고 약한 불로 졸여 만든 식품

과일단졸임은 『조선말대사전』에 "과일을 갈거나 썰어서 **사탕물**에 졸인 단 음식"이라고 나와 있어요. **과일단졸임**을 줄여 그냥 **단졸임**이라고도 부르지요. 사과 잼은 **사과단졸임**, 딸기 잼은 **딸기단졸임**이라고 하면 된답니다.

*사탕물: 설탕물

음식

개고기 ♡ 단고기

개의 고기

　요즘은 개고기를 많이 먹지 않지만, 예전에는 우리 민족이 많이 먹었던 음식이에요. 김일성 전 주석이 개고기의 어감이 나쁘다고 맛 좋은 고기라는 의미의 **단고기**로 이름을 바꾸라고 해서 **단고기**가 되었다고 해요.

✽ 해동식당 료리 차림표 ✽

♡ **찬료리**

밥조개회 854원
흰다랑어회 672원
녹두묵종합랭채 350원

♡ **더운료리**

단고기다리찜 890원
단고기장 860원
발쪽찜 750원
소고기 남비탕 650원
물고기 남비탕 650원
얼벌벌한 남비탕 550원

✽**료리**: 요리 ✽**랭채**: 냉채 ✽**발쪽찜**: 족발 ✽**남비탕**: 찌개
✽**얼벌벌한**: 맛이나 느낌이 얼얼하고 뻐근한

남순: 북돌아, 왜 북한에서는 개고기를 **단고기**라고 해?
북돌: 고거이 고기의 맛이 달아서 **단고기**디.
　　　남순이 니 **단고기**로 만든 음식이 얼마나 많은 줄 아이?
　　　단고기등심찜, 단고기다리찜, 단고기장, 단고기엿….
남순: 으악! 싫어! 내가 먹을 수 있는 보양식은 없을까?
북돌: 와 없갔어! 토끼, 염소, 양도 있다.
　　　토끼찜, 토끼탕, 토끼배숙 먹어 보라우.

족발 ♡ 발쪽찜

각을 뜬 돼지의 발을 조린 음식

북한에서도 남한에서와 마찬가지로 순대와 **발쪽찜**이 인기 있는 안줏거리예요. 남성들이 술안주로 선호하는 것은 물론이고, 모유를 잘 나오게 하는 데도 효과가 있다고 알려져 여성들도 자주 찾아요.

찌개 ♡ 남비탕

뚝배기나 작은 냄비에 국물을 잡아
고기, 채소, 두부 등을 넣고 양념해서 끓인 반찬

북한 사람들은 **남비탕**을 "사계절 아무 때나 먹어도 싫지 않은 민족 음식"이라고 말해요. 물고기, 가금, **남새** 등을 두부와 함께 넣어 만들며, 그중에서도 물고기 **남비탕**은 인기가 아주 좋아요.

* **가금**: 수초 일이나 고기골 믹기 위히여 집에서 기르는 닭, 오리, 거위 등이 난집승

음식

육개장 ♡ 소단고기국

쇠고기를 삶아서 알맞게 뜯어 넣고
얼큰하게 갖은 양념을 하여 끓인 국

　육개장은 원래 복날에 먹는 음식이에요. 부모님이 더운 여름에 삼계탕이나 육개장 같은 음식을 땀을 뻘뻘 흘리며 먹는 모습을 본 적 있나요?
　더운 날씨에 뜨거운 음식까지 먹다니 이해가 좀 안 되지요? 열은 열로 다스린다는 이열치열이라는 말이 있어요. 한여름에 땀을 흘리며 음식을 먹으면 몸 안에서 대사 활동이 활발해져 힘이 난다고 해요.
　소단고기국은 얼큰하고 시원한 맛에 단백질도 풍부해서 여름철 보양식으로 제격이랍니다.

음식

수제비 ♡ 뜨더국

밀가루를 반죽하여 맑은장국 따위에
떼어 넣어 익힌 음식

 남한말로 수제비, 북한말로 **뜨더국**은 말 그대로 밀가루 반죽을 뜯어서 넣은 국이에요. 북한은 각 지역에 따라 **뜨더국**의 종류가 다양해요.
 함경도 지방에서는 고추장을 풀어 넣어 얼큰하게 끓이고, 평안도 지방에서는 소금과 간장으로 간을 해서 담백하게 끓여요. 또한 황해도에서는 닭고기로 만든 육수로 **뜨더국**을 끓이는데, 이를 **또덕제비**라고 불러요.

달걀 ♡ 닭알

닭이 낳은 알

북돌: 남순이 니 "고양이 **닭알** 굴리듯"이라는 말 아니?
남순: 음, 무슨 일을 쉽게 한다는 뜻인가?
북돌: 잘 모르는구먼 기래. 일을 맵시 나고 재간 있게 해 나간다는 뜻이다.
남순: 일을 잘한다는 말이구나! 아, 갑자기 나 계란말이랑 달걀찜 먹고 싶다.
북돌: 니 **닭알말이**랑 **닭알찜** 좋아하네? 그러면 내 **닭알찜**을 가리키는 다른 말도 하나 알려주디. 북조선에서는 **닭알찜**을 **닭알두부**라고도 하디.

계란말이 ♡ 닭알말이

달걀을 부쳐서 돌돌 말아 놓은 음식

달걀찜
♡ 닭알찜 · 닭알두부

달걀 푼 것에 새우젓이나 명란젓,
파, 깨 따위를 넣고 찐 음식

음식

소시지 ♡ 칼파스

으깨어 양념한 고기를
돼지 창자 등에 채워 만든 가공식품

북돌: 남순아, 내래 배고파 쓰러지갔어.
남순: 그래, 빨리 도시락 먹자! 너 뭐 싸 왔어?
북돌: 흐흐, **칼파스** 싸 왔디.
남순: 뭐? 크레파스?

　북한 사람들은 점심 도시락으로 주로 잡곡밥이나 옥수수밥을 먹어요. 여유가 있는 집은 반찬으로 감자볶음이나 소시지를 먹기도 해요.

　소시지는 북한말로 **칼파스** 혹은 **고기순대**라고 불러요. **칼파스**는 소시지를 뜻하는 러시아어 콜바사 колбаса의 발음을 따온 말이에요.

음식

지하수 ♡ 땅속물

땅속의 돌 따위의 빈틈을 채우고 있는 물

우리 친구들은 평소 어떤 물을 마시고 있나요? 정수기 물이나 가게에서 파는 생수를 마시지요? 생수는 땅속 깊은 곳에 흐르는 지하수를 퍼 올려서 만들어요. 북한에서는 지하수를 **땅속물**이라고 한답니다. 듣기만 해도 무슨 뜻인지 바로 알 수 있지요?

빙수 ♡ 단얼음

얼음덩이를 눈처럼 잘게 갈아서
설탕, 향미료 따위를 넣은 음식

　시원한 얼음을 갈아서 달콤한 팥과 과일, 연유를 넣어 먹는 빙수! 생각만 해도 군침이 도네요. 북한에서도 한여름 무더위를 날리기 위해 빙수를 즐겨 먹는다고 해요. 남한의 빙수에서는 쉽게 볼 수 없는 들쭉이나 토마토, 두부를 넣은 빙수도 있다고 하네요. 북한에서는 **빙수**를 **단얼음**이라고도 한답니다.

＊들쭉: 들쭉나무 열매

음식

아이스크림
♡ 에스키모 · 얼음과자

우유, 달걀, 향료, 설탕 따위를 넣어
크림 상태로 얼린 것

남한에서는 아이스크림의 북한말이 **얼음보숭이**라고 많이 알려져 있어요. 하지만 이 말은 북한에서 더 이상 쓰이지 않아요. 지금은 **얼음과자**라고 부르거나 '**에스키모**'라고 부른답니다. **에스키모**는 러시아어이자 북한의 대표적인 아이스크림 상표명이에요.

요즘 들어 북한에서는 러시아어뿐 아니라 영어 사용이 점점 늘어나고 있어서 남한처럼 영어로 아이스크림이라고 말하기도 한답니다.

캐러멜 ♡ 기름사탕

물엿, 설탕, 우유, 초콜릿 따위에
바닐라 등 향료를 넣고 고아서 굳힌 사탕

북한에서는 설탕을 **사탕가루**라고 불러요. 각설탕은 **각사탕**이라고 하지요.

기름사탕은 북한에서 캐러멜을 순화한 말이에요. 달콤하고 쫀득쫀득한 **기름사탕**을 지나치게 많이 먹으면 충치가 생길 수 있으니 조심하세요!

함께 읽어 보아요

오징어, 갑오징어? 낙지, 서해낙지?

북한말	남한말
낙지	오징어
오징어	갑오징어
서해낙지	낙지
직검발	주꾸미
홀째기	꼴뚜기

우리는 보통 다리가 열 개인 것은 오징어, 여덟 개인 것은 낙지라고 알고 있지요? 그런데 북한의 『조선말대사전』에는 다리가 열 개인 것을 **낙지**라고 설명하고 있어요.

그렇다면 평양 대동강수산물식당에 가서 마른오징어를 사려면 무엇을 달라고 해야 할까요? 바로 '마른 **낙지**'를 달라고 해야 돼요. 또 낙지볶음을 시키면 **오징어**볶음이 나오겠죠?

북한에서는 **오징어**라는 말을 전혀 안 쓰는 걸까요? 그건 아니에요. 북한에서 **오징어**라고 부르는 것은 남한의 갑오징어예요.

그러면 우리가 낙지라고 부르는 건 북한에서는 뭐라고 부를까요? **서해낙지**라고 부른답니다. 아우, 정말 헷갈리지요?

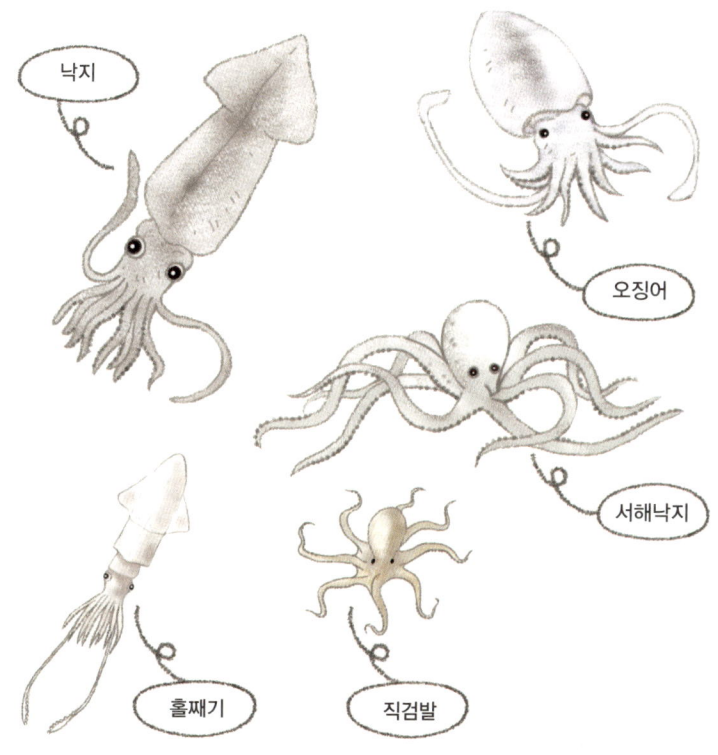

　오징어, 낙지와 생김새는 비슷한데 크기가 작은 동물들도 있어요. 바로 꼴뚜기와 주꾸미예요. 북한에서는 **홀째기**와 **직검발**이라고 부른답니다.

　"어물전 망신은 꼴뚜기가 시킨다."는 속담, 알고 있죠? 이것을 북한식으로 고치면 "어물전 망신은 **홀째기**가 시킨다."가 되겠네요.

함께 읽어 보아요

아바이 순대 먹으러 함경도로, 냉면 먹으러 평양으로

아바이 순대는 북한식 찹쌀 순대지만 강원도 속초에서도 이 순대를 맛볼 수 있어요. 한국 전쟁 때, 남쪽으로 내려온 함경도 사람들이 속초에 모여 마을을 이루고 이 순대를 만들었거든요.

아바이는 북한 방언 중 하나로, '아버지'라는 뜻이에요. 아마 부모님을 그리워하며 순대를 만들어 먹었나 봐요.

평양에서 가장 유명한 음식은 아마도 평양냉면일 거예요. 2018년 남북 정상 회담 만찬에 평양냉면이 나와 큰 화제가 되었지요.

북한에서 "물냉면 먹을래, 비빔냉면 먹을래?"라고 말하면 잘 알아듣지 못한대요. "**물랭면** 먹을래, **쟁반국수** 먹을래?"라고 말해야 한답니다. 주말에 온 가족이 평양에 있는 옥류관에서 함께 냉면을 먹을 수 있는 날이 빨리 왔으면 좋겠네요.

물냉면 or 비빔냉면?(X)
물랭면 or **쟁반국수**?(O)

랭면

아바이 순대

● 개성 만두를 만들어 볼까요? 다 만든 후, 요리 방법을 정리해서 적어 보세요.

* 개성 만두 요리법을 찾아 엄마와 함께 북한식 만두를 만들어 보아요.
  우리가 먹는 만두와 소의 재료, 모양 등이 어떻게 다른지 이야기해 보세요.

준비물 적기

레시피 적기

3장

신체 · 질병

신체·질병

가발 ♡ 덧머리

머리털이나 이와 유사한 것으로
머리 모양을 만들어 쓰는 것

'덧'은 '겹쳐 신거나 입는'이라는 뜻이에요. 따라서 북한말 **덧머리**는 남한말로 가발이지요. 대머리나 머리숱이 많지 않은 경우, 분장을 하는 경우 등에 **덧머리**를 쓴답니다.

신체·질병

파마머리 ♡ 볶음머리

구불구불하게 파마한 머리

까까머리 ♡ 막머리

빡빡 깎은 머리.
또는 그런 머리 모양을 한 사람

미용사: 어서 오세요. 머리하실 건가요?
어머니: 내래 곱게 **볶음머리** 하갔시오.
미용사: 아, 파마를 하신다는 거죠?
어머니: 그렇디요. 그리고 이 아는 머리가 고슬고슬해서
 막머리로 밀어 주시오.
미용사: 네, 알겠습니다.

***고슬고슬하다**: 곱슬곱슬하다

신체·질병

주름살 ♡ **주굴살**
얼굴 피부가 노화하여 생긴 잔줄

보조개 ♡ **오목샘·웃음샘**
말하거나 웃을 때에 두 볼에 움푹 들어가는 자국

들창코 ♡ **발딱코**
코끝이 위로 들려서 콧구멍이 드러나 보이는 코

　주름살은 나이가 들면 자연스럽게 생기지만 담배를 피우거나 햇볕을 많이 쬐어도 생겨요.
　요즘에는 주름살을 없애려고 피부과에서 시술을 받는 사람이 많아요. 또 성형외과에서 보조개를 만들기도 하지요.
　그렇지만 많이 웃어서 생기는 주름살은 좋은 인상을 만들어 주기도 해요. **주글살**도, **오목샘(웃음샘)**도 자연스러운 게 좋지 않을까요? 들창코, 즉 **발딱코**도 부끄러워하는 어린이가 없기를 바라요!

각선미 ♡ 다리매
주로 여자의 다리에서 느끼는 아름다움

종아리 ♡ 종다리
무릎과 발목 사이의 뒤쪽 근육 부분

북돌: 내래 **다리매**가 고운 **녀자**가 좋더라.
남순: 다리미질을 잘하는 여자가 좋다고?
북돌: 아니, **다리매**라니까.
남순: **다리매**가 뭐지? 다래끼인가?
북돌: 어휴, **종다리**가 예쁜 걸 **다리매**라고 하디.
남순: **종다리**는 또 뭐야? 종달새 말하는 거야?
북돌: 하긴, 종달새 같은 새를 종다리라고 부르긴 하더만. 고거는 남조선말이고 북조선에서는 종아리라는 뜻이디.

* **녀자:** 여자

신체 · 질병

창자 ♡ 밸
큰창자와 작은창자를 통틀어 이르는 말

큰창자 ♡ 굵은밸
작은창자의 끝에서부터 항문에 이르는 소화 기관

작은창자 ♡ 가는밸
위와 큰창자 사이에 있는, 대롱 모양의 관

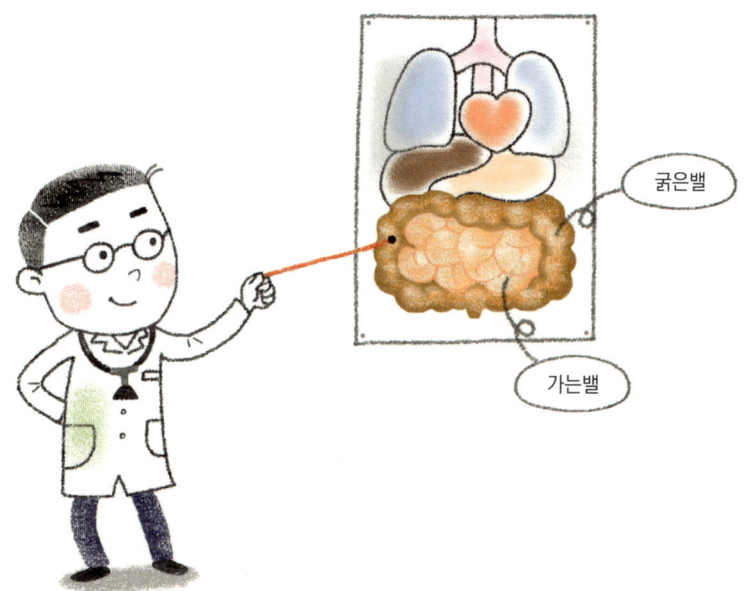

창자를 다른 말로 '배알'이라고 해요. 그리고 배알을 줄인 말이 '밸'이에요. 남한과 북한 모두 배알이라는 말을 쓰지만, 남한에서는 비속어이고 북한에서는 표준어예요. 북한에서는 큰창자를 **굵은밸**, 작은창자를 **가는밸**이라고 하지요.

북한의 잡지 〈천리마〉에는 "아침에 먹는 된장국은 몸속에 쌓인 독소를 제거해 주는 아주 좋은 음식이다."라는 내용이 소개되어 있어요. 된장의 성분이 **밸**에 남은 기름기와 나쁜 균을 없애 주는 역할을 하기 때문이라고 해요. 다시 말해서 된장에 들어 있는 콩의 섬유질이 **밸**을 깨끗하게 청소해 주는 것이지요.

신체·질병

적혈구 ♡ 붉은피알
혈액 속에 들어 있는 붉은색의 고형 성분

혈액형 ♡ 피형
혈액의 유형

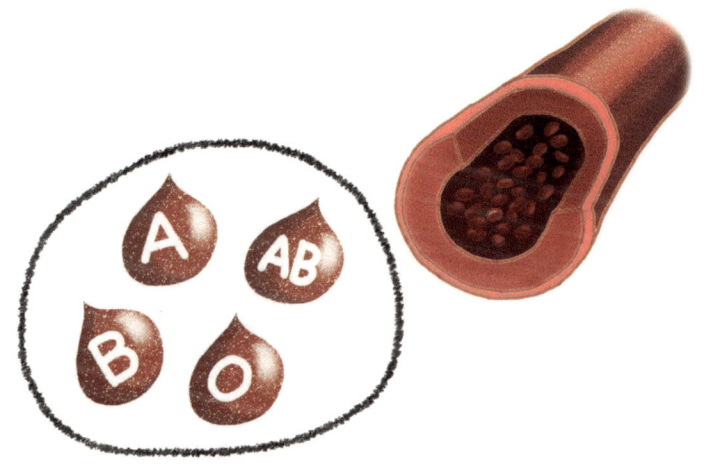

적혈구는 납작한 원반 모양을 한 붉은색 세포예요. 혈관을 따라 우리 몸을 돌아다니며 조직에 산소를 공급하고, 이산화탄소를 제거하는 아주 중요한 역할을 해요.

한자어를 순화하기 위해 남한에서는 적혈구를 붉은피톨이라고도 불러요. 북한에서는 **붉은피알**이라고 하지요.

사람의 피는 A형, B형, AB형, O형으로 나뉘어요. 이것을 남한에서는 혈액형이라고 하고, 북한에서는 **피형**이라고 해요.

피형에 따라 사람의 성격이 달라진다고 믿는 사람들도 있어요. 하지만 과학적인 근거는 없다고 하니, 단지 **피형**으로 사람을 판단해서는 안 되겠지요?

신체·질병

코나팔 ♡ 코나발

자면서 코 고는 것을 속되게 이르는 말

아빠가 코 고는 소리에 잠을 설친 적 있나요? 가족들은 아빠의 코 고는 소리 때문에 잠을 설치는데, 정작 코를 고는 아빠는 자신이 내는 소리를 전혀 듣지 못한대요. 코를 고는 이유는 기도가 좁아졌기 때문이에요.

코 고는 것을 속된 말로 코나팔이라고 해요. 북한말로는 이를 **코나발**이라고 하고요. 코를 골지 않으려면 자는 자세를 바꾸거나 수술을 받는 방법이 있어요. 함께 사는 가족에게 방해가 되지 않기 위해서라도 **코나발**은 불지 말아야겠죠?

신체 · 질병

치통 ♡ 이쏘기
이가 쑤시거나 몹시 아픈 증상

관절통 ♡ 뼈마디아픔
뼈마디가 쑤시면서 몹시 아픈 증상

두드러기 ♡ 풍은진
약이나 음식을 잘못 먹거나 환경의 변화로 생기는 피부병

　북한에서 **이쏘기**라고 하는 치통은 잇몸에 생긴 염증이나 충치 등으로 신경이 자극을 받아 느끼는 통증이에요. 치과에 가지 못할 때는 알로에를 잘라 아픈 이에 대고 있으면 통증이 멎는다고 해요.

　눈이나 비가 오는 날, 어른들이 뼈마디가 쑤신다는 말씀을 자주 하지요. 이 **뼈마디아픔**은 나이가 들면서 나타나는 증상이에요.

　풍은진은 두드러기를 가리켜요. 식중독에 걸리거나 아토피가 생기면 **풍은진**으로 고생하지요. **이쏘기, 뼈마디아픔, 풍은진**은 누구에게나 생길 수 있으므로 모두가 조심해야 할 질병이에요.

신체 · 질병

건망증 ♡ 망각증
경험한 일을 기억하지 못하거나 잘 잊어버리는 증상

편두통 ♡ 쪽머리아픔
한쪽 머리가 갑자기 아픈 증상

수면제 ♡ 잠약
잠이 들게 하는 약

 잠을 자는 동안에는 우리 몸의 뇌, 심장, 근육, 혈관, 허파 등 모든 기관도 휴식에 들어가요. 잠이 보약이라는 말처럼, 하루 평균 8시간 정도 잠을 자야 피로가 풀린다고 해요.
 잠을 잘 못 자면 우리 몸에는 여러 가지 증상이 나타나요. **망각증**이나 **쪽머리아픔**이 생길 수도 있고, 심하면 우울증이나 신경증, 만성 피로가 올 수도 있어요.
 그래서 잠을 잘 못 자는 사람들은 건강을 위해서 병원에서 **잠약**을 처방 받기도 해요.

다이어트 ♡ 몸까기

체중을 줄이거나 건강의 증진을 위해 제한된 식사를 하는 것

북돌: 남순아, 니 와 이리 안 먹고 그러니?
　　　어디 아픈 거 아이니?
남순: 아니, 나 다이어트 해. 살 빼려고.
북돌: 나는 **콩순대** 싫어하디.
　　　그리고 **몸까기** 한다고 안 먹다간 큰일 난다.
남순: 먹으면서 어떻게 살을 빼.
북돌: 살이 안 찌는 건강식을 찾아 먹으라우.
남순: 너는 많이 먹는데도 어쩜 그렇게 살이 안 쪄?
북돌: 나의 **몸까기** 비결은 육체노동과 체력 단련이다.

***콩순대:** 줄을 넌 콩 옆에 세워 놓는 장대.
키는 큰데 몸이 마른 사람을 비유식으로 이르는 말

신체·질병

돌연변이 ♡ 갑작변이

생물체에서 부모에게 없던
새로운 형태와 성질이 나타나 유전하는 현상

　세포는 우리 몸을 이루는 가장 작은 단위예요. 각 세포에는 수많은 유전자가 들어 있어요. 인간의 외모, 지능, 성격 등은 자라면서 환경에 따라 변하기도 하지만, 태어나면서 가진 유전자에 의해 결정되는 부분도 많아요.
　그런데 유전자에 이상이 생겨 부모 세대의 것과는 다른 형태와 성질이 만들어지는 것을 돌연변이라고 해요.

북돌: 남순이 니 **갑작변이** 아이니?
남순: 내가 왜?
북돌: 니 어머니는 **억이 막히게** 고우신데, 니는….
남순: 음, 나 **갑작변이** 맞아.
　　　우리 가족 중에 내가 가장 똑똑하거든!

＊**억이 막히다**: 기가 막히다

함께 읽어 보아요

북한 어린이들은 수업이 끝나면 무엇을 할까요?

 북한 어린이들은 수업이 끝나면 노래, 악기, 무용 등을 배우고 줄넘기, 제기차기, 컴퓨터 게임을 하거나 영화, 애니메이션을 보는 등 우리와 비슷한 활동을 해요. 때로는 농촌의 부족한 일손을 돕기 위해 농촌 지원 활동을 나가기도 하고요. 북한에서는 학교 외의 다른 곳에서 사교육을 하는 것이 불법이랍니다.

● 북한 친구들을 만나면 함께 무엇을 하며 놀고 싶은지 다섯 가지를 적어 보세요.

  * 함께 놀러 가고 싶은 곳, 스포츠나 음악, 즐겨 하는 컴퓨터 게임 등

4장

운동·문화

운동·문화

자유형 ♡ 뺄헤염

헤엄치는 방법에 제한이 없는 경기 종목.
보통 자유형 경기에서는 엎드린 자세로 팔을 들어 올려
번갈아 휘저으며 발차기를 하는 영법(크롤 영법)을 사용함

배영 ♡ 누운헤염

등을 수면에 대고 두 팔을 번갈아
둥그랗게 저으며 발차기 하는 영법

평영 ♡ 가슴헤염

개구리처럼 두 팔과 두 다리를 오므렸다가
팔은 앞으로, 다리는 뒤로 펴는 영법

접영 ♡ 나비헤염 · 나비영

두 팔은 동시에 원을 그리며 물 밖으로 뻗고
두 다리는 동시에 위아래로 발차기 하는 영법

뺄헤엄
자유 수영인데 선수들이 모두
똑같은 자세로 수영하죠?
그 자세가 크롤 영법이에요.
수영에서 가장 빠른 영법이지요.

누운헤엄
누워서 수영을 하니 앞을 볼 수 없어요.
방향을 잃거나 수영장 벽에 머리를
부딪히는 등 초보자들의 귀여운
실수가 많은 영법이에요.

가슴헤엄
가장 체력 소모가 적은 영법이에요.
그래서 군인들이나 인명구조사들이
주로 사용해요.

나비헤엄 · 나비영
나비처럼 보여서
버터플라이 영법이라고
불러요. 체력 소모가 많고,
가장 어려운 영법이에요.

운동·문화

수중발레
♡ 수영교예 · 예술헤염

음악에 맞추어 헤엄을 치면서 춤 기술을 접목시켜
표현의 아름다움과 기교를 겨루는 수영 경기

    수중발레를 북한에서는 **수영교예**라고 해요. 남한에는 1970년대에 수중발레가 도입되었어요. 1990년대에는 남한이 중국, 일본에 이어 아시아에서 세 번째로 좋은 성적을 거두었지만, 지금은 북한이 카자흐스탄과 아시아 3위 자리를 다투고 있어요.

    수영교예는 여자들만 하는 운동일까요? 아니에요! 사실 처음에는 남자들만 하는 운동이었다가 점점 여자들만 하는 운동으로 바뀌었어요. 지금은 다시 남자 선수들도 활동하고 있지만, 올림픽이나 세계 선수권 대회에는 여자 경기만 있답니다.

북돌: 남순이 니 **수영교예** 본 적 있니?
리일심 선수가 '아리랑'에 맞춰 경기를 하는데, 너무 곱디 않갔어.
남순: **수영교예**면 수중발레 말하는 거야?
북돌: 잘 아는구먼 기래. 니 한번 시작해 보라.
남순: 그럴까? 다이어트 하는 데 도움이 되겠지?
북돌: 말해 뭐 하니. 물속에서는 운동이 곱절로 되디.
두뇌 활동에도 좋고. 그리고 니 거북목 아이니?
그것도 **수영교예 련습하면** 고쳐질 기야.

* **련습하다:** 연습하다

운동·문화

공중회전 ♡ **허공돌기**

체조나 곡예 따위에서,
허공에서 한 바퀴 이상 재주를 넘는 일

남순: 북돌아, 뉴스에서 보니 북한 서커스가 정말 멋지더라!
북돌: 우린 어릴 때 **교예**에 소질이 있으면 평양**교예**학원에
뽑혀 가서리, 몇 년 동안 **교예** 기술을 익히디 않갔어.
그래서 북조선 **교예**는 세계 최고 수준이디.
남순: 그래? 어쩐지 공중 5회전 돌기라니!
북돌: 허공돌기를 본 모양이구먼 기래.

***교예:** 곡예

물구나무서기 ♡ 거꾸로서기

**손으로 바닥을 짚고 발로 땅을 차서
거꾸로 서는 동작**

북돌: 남선이 니 **거꾸로서기** 꾸준히 하라. 그러면 전신 운동도 되고 근력도 강해진다.
남선: 우아! 너무 힘들어! 언제까지 이러고 있어야 되는 거야?
북돌: 아직 멀었다. 있는 힘을 다해 버티라!

운동 · 문화

서브 ♡ 쳐넣기
경기를 다시 시작할 때에 상대편 코트로 공을 쳐 넣는 일

스매싱 ♡ 때려넣기
상대편 코트로 공을 세게 쳐 넣는 공격 방법

리시브 ♡ 받아치기
상대의 서브 또는 스매싱을 받는 일

남순: 북돌아, 너 이용대 선수 알아?
북돌: 와 모르갔어. 세계적인 배드민턴 선수 아이니.
높이 뛰어올라서 하는 **때려넣기**가 시원시원하더만.
그렇게 때리면 상대는 **받아치기**를 할 수가 없다.
남순: **때려넣기**라면 스매싱 말하는 거지?
북돌: 맞디. 높은 볼을 강하게 때려 넣는 거이디.
배드민턴에서 아주 중요한 공격 방법 중 하나디.

운동 · 문화

스파이크 ♡
순간타격 · 순간공때리기

상대편 코트로 공을 세게 쳐 넣는 공격 방법

블로킹 ♡ 막기

상대가 친 공을 네트 앞에서 손으로 막는 일

페인트 ♡
살짝공 · 속임 동작

상대편을 속이기 위한 동작

네트 터치 ♡ 그물다치기

경기자의 몸의 일부가 네트에 닿는 일

중계: 말씀드리는 순간, 김연경 선수의 스파이크! 성공입니다. 역시 대표팀의 심장다운 공격이었습니다.

해설: 그렇습네다. **순간타격**이 엄청나구먼요. 일단 신장이 190**센치메터**가 넘다 보니 상대편의 **막기**가 따라오지를 못하고 있습네다.

중계: 아! 다시 김연경 선수가 공격합니다. 페인트 공격을 시도했습니다만, 심판은 네트 터치를 선언합니다.

해설: 몹시 아깝습네다. 공격이 여의치 않자 **막기**를 피해 **살짝공** 공격을 시도했디만, 자신이 내려오면서 **그물다치기**를 범하고 마네요.

*__센치메터__: 센티미터

운동·문화

자유투 ♡ 벌넣기
상대편이 반칙을 범하였을 때, 일정한 지점에서 아무런 방해 없이 슛을 하는 일

골밑슛 ♡ 륜밑넣기
바스켓의 바로 아래에서 넣는 슛

드리블 ♡ 곱침
손으로 바닥에 공을 튀기며 몰아가는 일

덩크슛 ♡ 꽂아넣기
공에서 손을 떼지 아니한 채 점프하여 링 위에서 내리꽂듯이 하는 슛

골키퍼 ♡ 문지기

골을 지키는 선수

센터 포워드 ♡ 가운데몰이꾼

맨 앞 중앙에서 공격하는 선수

운동·문화

킥오프 ♡ 첫차기

시합이 시작될 때나 어느 한 팀이 득점을 하여
시합을 다시 시작할 때,
공을 중앙선의 가운데에 놓고 차는 일

코너킥 ♡ 구석차기

수비 측에 의하여 골라인을 벗어난 공을 공격 측이
코너에 놓고 경기장 안으로 차는 일

드리블 ♡ 몰기

공을 몰아가는 일

운동 · 문화

패스 ♡ 련락
같은 편끼리 공을 주고받는 일

슛 ♡ 차넣기
골대를 향하여 공을 차는 일

헤딩슛 ♡ 머리받아넣기
공중으로 떠오른 공을
머리로 받아서 골대에 넣는 동작

운동·문화

북돌: 남순이 니는 **녀자**라 축구 규칙에 대해서 잘 모르갔구나.

남순: 뭐라고? 흥! 축구 박사를 몰라보다니!

북돌: 그럼, 들어 보라우. 어제 중국 팀이랑 우리 북조선 팀이 경기를 하지 않았갔어. 우리 팀이 **꼴**을 넣었는데, 글쎄 선심이 **공격어김** 판정을 하는 바람에 무효가 돼 버렸디.

남순: 아, 오프사이드 반칙을 한 거구나!

북돌: 오, 잘 아는구먼 기래. 근데 고거이 오판이었디. 그 전에도 중국 선수가 몇 번이나 **손다치기**를 해서 우리가 **벌차기**나 **11메터벌차기**를 얻을 수 있는 상황이었는데도 심판이 외면하지 않았갔어.

남순: 페널티 킥도 놓쳤으니 속이 부글부글 끓어올랐겠는걸!

*꼴: 골

오프사이드 ♡ 공격어김

공을 받는 선수가 상대편 최종 수비수보다
상대편 진영 쪽으로 치우쳐서 공을 받을 경우에 범하는 반칙

핸들링 ♡ 손다치기

손 또는 팔을 공에 대는 경우에 범하는 반칙

프리 킥 ♡ 벌차기

심판에 의하여 반칙으로 지적되었을 경우에
그 자리에서 상대편이 공을 차게 하는 것

페널티 킥 ♡ 11메터벌차기

페널티 구역 안에서 수비수가 직접 프리 킥에 해당하는 반칙을
범하였을 경우에 공격 측이 얻는 킥

운동·문화

양궁 ♡ 량궁·활쏘기

활과 화살을 이용하여 일정한 거리에 떨어져 있는 과녁을 향해 쏘아 득점을 겨루는 경기

남한이 국제 무대에서 세계 최고의 강국으로 인정받는 경기 종목이 무엇일까요? 여러 가지가 있겠지만 양궁이 가장 대표적일 거예요. 2016년 리우 올림픽에서는 양궁에 걸려 있는 금메달 네 개를 남한 선수들이 전부 차지했어요. 여자 단체전은 32년 동안 금메달을 단 한 번도 놓치지 않았지요.

통일이 된다면 북한의 **량궁** 선수들과 함께 더 훌륭한 성적을 거둘 수 있겠죠?

펜싱·검도 ♡ 격검

펜싱 검이나 죽도, 목도로 상대편을 치거나 찔러서
얻은 점수로 승패를 겨루는 운동 경기

펜싱은 서양에서 들어온 운동이지만 검을 사용한다는 점에서는 검도와 비슷해요.

그래서 북한에서는 펜싱과 검도를 둘 다 **격검**이라고 하지요. 남한에서는 검을 들고 상대방과 겨루는 행동을 통틀어 격검이라고 해요.

마라톤 ♡ 마라손

육상 경기에서 42.195km를 달리는 장거리 경주 종목

마라톤은 육상 경기 중 최장거리 종목이에요. 42.195킬로미터를 계속 달려야 하지요.

북한에서는 해마다 김일성 전 주석의 생일이 되면 이를 기념하기 위해 평양 만경대상 국제**마라손**대회를 열어요. 이 대회에는 남한 선수들도 참가한 적이 있답니다.

노크 ♡ 손기척

방에 들어가기에 앞서
문을 가볍게 두드려서 인기척을 내는 일

 방이나 화장실에 들어갈 때는 먼저 안에 사람이 있는지 확인하기 위해 똑똑 문을 가볍게 두드리죠? 이것을 남한에서는 노크라고 하고, 북한에서는 **손기척**이라고 해요. 손으로 인기척을 낸다는 의미이지요. 이는 안에 있는 사람에 대한 배려이기도 해요.

운동·문화

가위바위보
♡ 돌가위보 · 가위주먹

손을 내밀어 그 모양에 따라
순서나 승부를 정하는 방법

남순: 북돌아, 우리 가위바위보로 술래 정하자!
북돌: **돌가위보** 하자는 거이구나. 한판 해 볼까네?
　　　자, 한다! 돌, 가위, 보!
남순: 우아, 네가 술래다!

    두 개의 손가락을 가위 모양으로 펴면 '가위', 주먹을 쥐면 '바위', 손가락을 모두 펴면 '보'. 가위바위보를 모르는 사람은 아마 없겠지요? 가위는 바위가 이기고, 바위는 보가 이기고, 보는 가위가 이기는 것도요.

    이 가위바위보를 북한에서는 **돌가위보(가위주먹)**라고 해요.

운동·문화

데이트 ♡ 산보
남녀가 교제를 위하여 만나는 일

북돌: 남순아, 내래 너랑 모란봉 공원이나 대동강 오솔길로 산보 갈까 하는데….
남순: 날씨도 좋은데 그럴까? 다른 친구들도 부르자. 다 같이 놀면 재밌겠다!
북돌: 내래 그 뜻이 아니디. 나는 고거이….

북돌 동무~

남한에서는 이메일이나 SNS로 쓰는데 이렇게 동무에게 편지를 쓰니 좀 특별한 느낌이 드네요.

．
．
．

결정하는 데 오래 걸려 미안해요.
우리 **산보** 가요. 호호호….

2028년 11월, 당신의 영원한 동무
남순

    산보라는 단어는 남한과 북한에서 모두 쓰여요. 북한에서도 산책이 의미로 사보라는 말을 쓰지만, 북한에서 사용되는 **산보**는 특별한 의미도 함께 가지고 있어요.

    남한에서는 서로 좋은 감정을 느끼는 남녀가 함께 시간을 보내는 것을 '데이트'라고 하지요? 이 '데이트'라는 말 대신 북한에서는 **산보**라는 말을 쓴답니다.

    그래서 "나랑 **산보** 갈래?"라고 물어본다면, "나랑 데이트할래?"라는 뜻이지요.

운동·문화

애니메이션 ♡ **그림 영화**

등장인물의 움직임을 분해하여 하나하나 그린 만화를 연속적으로 촬영하여 실제 활동하는 것같이 보이게 만든 영화

　북한에서 애니메이션을 가리키는 말로는 만화 영화와 **그림 영화**가 있어요. 북한 어린이들도 남한 어린이들처럼 만화 영화를 좋아해요. 북한에서 어린이 대상 애니메이션을 제작하는 곳은 조선 4.26만화영화촬영소예요. 과거에는 주로 동물이 등장하거나 전래 동화를 활용해 정치적인 선전을 하는 만화 영화가 많았지만 요즈음에는 북한에서도 교양과 교훈을 주기 위한 만화 영화가 더 많이 만들어지고 있답니다.

뮤지컬 ♡ 가무이야기

음악, 노래, 무용을 결합한
현대 음악극의 한 형식

〈러브, 러시! 사랑아, 달려!〉는 복원된 경의선을 타고 제주에서 출발해 북한 곳곳을 다니며 벌어지는 이야기를, 통일이라는 주제로 풀어 낸 뮤지컬이에요.

탈북자 정성산 감독은 북한의 인권 문제를 알리고 싶어 〈요덕 스토리〉라는 뮤지컬을 만들었는데, 이는 엄청난 인기를 끌어 미국 여러 도시에서도 공연을 했답니다.

뮤지컬을 북한에서는 **가무이야기**라고 하죠. 〈요덕 스토리〉는 북한 함경남도에 있는 요덕 수용소에 갇힌 무용수와 수용소 소장의 사랑 이야기를 소재로 정치범 수용소의 참혹한 실상을 그리고 있는 **가무이야기**입니다. 많은 관람 바랍니다.

운동·문화

캠페인 ♡ 깜빠니야

사회·정치적 목적 따위를 위하여 조직적이고도 지속적으로 행하는 운동

남순: 북돌아, 이번 동계 패럴림픽(장애인 올림픽)에 북한 선수들이 많이 참가했네!

북돌: 이상하디. 내래 장애인 국가 체육 선수를 뽑는다는 말을 한 번도 들어 본 적이 없디 않갔어.

남순: 그래? 그런데 어떻게 참가한 걸까?

북돌: 올림픽을 정치적인 **깜빠니야**로 이용하기 위해 급조된 선수들 아닌지 의심스럽구먼.

남순: 북돌이 너 되게 똑똑하게 말한다!

운동 · 문화

수화 언어 ♡ **손가락말**

청각 장애가 있는 사람들이 손과 손가락의 모양과 위치, 움직임을 달리하여 의미를 전달하는 언어

수화 언어는 '손짓말'이라고도 해요. 북한말로는 **손가락말**이지요.
수화 언어는 같은 동작을 하더라도 표정에 따라 의미가 달라지기도 하고, 전 세계 공통일 것 같지만 실제로는 나라마다 동작이 다르답니다. 따라서 통일이 된다면 남한과 북한의 수화 언어를 통일시키는 것도 생각해 보아야 해요.

함께 읽어 보아요

뽀로로가 북한에서 만들어졌다고요?

북한에서 애니메이션을 만드는 대표적인 곳은 조선4.26만화영화촬영소예요. 놀랍게도 〈뽀롱뽀롱 뽀로로〉는 남과 북이 공동으로 만든 애니메이션이랍니다.

북한 친구들이 가장 좋아하는 만화 영화는 무엇일까요? 바로 〈소년장수〉예요. 북한 어린이들은 〈소년장수〉의 주제곡을 즐겨 부르고, 주인공 쇠매를 진정한 영웅으로 생각해요. 〈령리한 너구리〉나 〈다람이와 고슴도치〉도 매우 인기가 높지요.

50부작 이상 제작된 〈령리한 너구리〉는 주인공 너구리가 지혜를 발휘하고 동물 친구들과 협력하여 문제 상황을 해결하는 과정을 그리고 있어요. 그 과정에서 어린아이들에게 과학과 수학적 지식을 전달하기도 해요.

● 북한 친구에게 남한과 남한 문화에 대해 소개하고 싶은 것 열 가지를 적어 보세요.

* 수도 서울, 문화재, 아이돌 그룹, 한류 스타, 즐겨 보는 텔레비전 프로그램 등

5장
표현하는 말

표현하는 말

거짓말 ♡ 꽝포

사실이 아닌 것을 꾸며 대어 하는 말

어머니: 북돌이 니 **가담가담** 꽝포하는 거 내래 모를 줄 아니?
북　돌: 아니, 그게 무슨 말이십네까?
　　　　제가 무슨 **오그랑수**라도 쓴다는 말이십네까?
어머니: 그건 아니디만, **부스럭돈** 가지고 가서 과자 사 먹고
　　　　아니라 하는 거 다 안다.

***가담가담**: 이따금
***오그랑수**: 속임수
***부스럭돈**: 잔돈

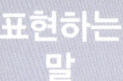
표현하는 말

검소하다 ♡ 검박하다

사치하지 않고 꾸밈없이 수수하다

북　돌: 어머니, 남순이 친구 재이네는 별장도 있는 부자 중에 상부잡네다. 그런데 재이는 참으로 **검박하지** 않갔시요.

어머니: 남조선엔 교양머리 없는 **갑작부자**가 많다는데, 재이네는 아닌가 보드래. **검박한** 것도 부모가 **배워주기** 나름이디.

＊**갑작부자**: 벼락부자
＊**배워주다**: 가르치다

표현하는 말

고자질하다 ♡ 고자바치다

남의 잘못이나 비밀을 일러바치다

*등탈: 뒤탈

우스꽝스럽다 ♡ 우습강스럽다

말이나 행동, 모습 등이 보통과 달라 우습다

괜찮다 ♡ 일없다

탈이나 문제, 걱정이 되거나 꺼릴 것이 없다.
상대편의 요구, 제안, 선물, 부탁 따위를
가볍게 거절하다

남순: 북돌아, 방학하면 우리 영화 보러 갈까?
북돌: **일없다.**
남순: 그러면 준용이랑 결이랑 같이 학교 컴퓨터실에 모여 동영상 학습할까?
북돌: **일없다.**
남순: 뭐야, 너! 왜 자꾸 **일없다, 일없다** 그러기만 하는 거야!
북돌: 아니, 내래 할 일이 너무 많아서 그러디 않갔어.
남순: 무슨 일이 그렇게 많은데?
북돌: 우리 동네 어른들 일손이 모자라 도와야 하고,
　　　폐품도 미리 모아 두어야디 개학하면 고생이 없디.

표현하는 말

까다롭다 ♡ 말째다
조건이나 방법이 복잡하고 엄격하여
다루기가 쉽지 않다

굳세다 ♡ 견결하다
뜻한 바를 굽히지 않고 밀고 나아가는 힘이 있다

남순: 북돌아, 저기… 나 이번에 전학 온 세현이가 너무 좋아. 어쩌지?
북돌: 니 이제까지 준용이 좋아한 거 아이었니?
남순: 그랬는데…. 세현이 보니까 맘이 바뀌었어.
북돌: 내래 남순이 니는 남자 보는 눈이 **말쩨** 줄 알았는데 아이구나.
남순: 어머! 나 그렇게 까다로운 여자 아니야.
북돌: 그래도 남자를 볼 때는 조금 **말째게** 굴 필요가 있다. 중요한 것은 남자나 **녀자**나 한 번 정한 마음을 **견결하게** 유지하는 거디.

표현하는 말

긴장을 하다 ♡ 탕개를 조이다
마음을 조이고 정신을 바짝 차리다

야무지다 ♡ 오돌지다
허술한 데가 없이 야무지고 알차다

남순: 홍주야, 빨리 뛰어! 이러다 기차 시간 늦겠어.
홍주: 어휴, 아침을 너무 많이 먹었더니 뛰기가 힘드네. 헉헉….
북돌: **날래 날래** 오라우!
홍주: 기차는 어디…? 헉, 벌써 떠나 버린 거야?
북돌: **인차** 떴다. 근데 뭐 하다 이리 늦었니?
홍주: 미안해. 우리가 아침밥을 먹느라 그만….
북돌: **일없다.** 다음 차 타면 되디.
　　　하지만 **탕개를 조이고 오돌지게** 좀 살라우.

＊**인차**: 금방

표현하는 말

모락모락 ♡ 몰몰

연기나 냄새, 김 따위가 계속 조금씩
피어오르는 모양

몰몰

*꼬부랑국수: 라면

표현하는 말

알아보다 ♡ 료해하다
사정이나 형편이 어떠한가를 조사하거나 살펴보다

어설프다 ♡ 어설궂다
하는 일이 엉성하고 거친 데가 있다

북돌: 니 어머니는 **어드메** 가시고 혼자 뭐 하네?
남선: 엄마 회사에서 무슨 사고가 생겼다고 연락이 와서 나가셨어.
북돌: 아, 어떤 상황인지 **료해하러** 가셨구나. 그런데 니는 뭐 하는 거이가?
남선: 아, 나는 엄마 대신 밥 짓고 있어.
북돌: 보기는 **어설궂지만** 제법이다.

* **어드메**: 어디

표현하는 말

수다스럽다 ♡ 다사하다

쓸데없이 말수가 많은 데가 있다

남순: 북돌아, 우리 남선이는 지금 뭐 하고 있을까? 공부 열심히 하고 있을까? 걔가 보기는 똑똑해 보여도 실제로는 안 그렇거든. 공부를 열심히 해야 하는데….

북돌: 되게 **다사하구먼** 기래. 지금 남선이 걱정할 때가 아이디. 수업에 집중 좀 하라우. 언니가 돼 가지고 이신작칙해야지 남선이가 뭘 보고 배우갔네?

남순: 지금 네가 나보다 더 수다스럽거든!

*이신작칙: 솔선수범

임신하다 ♡ 태앉다

아이나 새끼를 배다

남순: 북돌아, 우리 엄마가 이것저것 너무 많이 차려 주셔서
　　　다 먹었더니 숨을 못 쉬겠어.
북돌: 그러니끼니 와 그렇게 먹었니 기래?
　　　꼭 **태앉은** 것 같다.
남순: 뭐라고? 너 말 다 했어?

표현하는 말

끼니를 때우다
♡ **때식을 에우다**
간단한 음식으로 끼니를 대신하다

추진력 ♡ **내밀성**
목표를 향하여 밀고 나아가는 힘

북돌: 북순 동무, **태양절**에 선보일 **집단체조**를 벌써 다 준비한 거이가?
북순: 어때 보이네?
북돌: **혈맥이 상통하는 것**이 흠 잡을 데가 없구먼.
북순: 칭찬을 받으니 좋구먼 기래. 친구들이 잘 따라 줘서 가능했던 거이다. 모여서 **때식을 에워** 가며 **련습했거든**.
북돌: 북순 동무 아주 **내밀성**이 있구먼.

* **태양절**: 김일성 전 주석의 생일(4월 15일)
* **집단체조**: 매스 게임
* **혈맥상통**: 서로 잘 조화되고 어울림

함께 읽어 보아요

남한말과 북한말

　남한의 표준어는 낮은 억양과 부드럽게 말하는 어조를 특징으로 하고, 북한의 표준어(문화어)는 높은 데서 낮은 데로 떨어지는 억양과 끊어 말하는 어조를 특징으로 한답니다.

　이 같은 언어적 특성 때문에 북한말은 남한말에 비해 명확하지만 강하고 드센 인상을 주지요.

　또한 남한에서는 외국어를 그대로 사용하는 경우가 많은 반면, 북한에서는 대체로 외국어를 순우리말로 바꾸어 써요.

● 남한과 북한 모두 외국어를 쓰지 않기 위해 많은 노력을 하고 있어요. 하지만 아직 많은 외국어가 그대로 사용되고 있지요. 우리가 사용하는 외국어 중에서 몇 개를 골라 순우리말로 바꾸어 보세요. 그리고 부모님이나 친구들과 함께 이야기해 보세요.

6장

시간·장소

시간·장소

이따금 ♡ 가담가담
시간적·공간적 간격이 얼마쯤씩 있게

꿈나라 ♡ 잠나라
꿈속의 세계

북돌: 남순이, 내래 **가담가담 잠나라**에서 북조선에 있는 우리 동네를 본다.

남순: 그래? 그곳에서는 가족이 다 같이 모여 살았다며? 그래서 더 많이 그리운가 보구나.

북돌: 맞다. 특히 같이 놀던 **이모사촌**들이 참 보고 싶구먼 기래.

* **이모사촌**: 이종사촌

시간 · 장소

빨리 ♡ 날래

걸리는 시간이 짧게

금방 ♡ 인차

방금

여자: 안녕하세요, 선생님! 오랜만이에요.
남자: 날래 앉으시라우. 평양에 출장 갔다 **인차** 오시는 길이오?
여자: 네, 방금 도착했습니다. 오랜만에 만났는데 샴페인 한잔하실까요?
남자: 좋디. 이보라우, **샴팡술** 두 잔 주시라우.

***샴팡술:** 샴페인

시간 · 장소

종종 ♡ 두간두간
일정한 간격을 두고 사이사이

한평생 ♡ 한당대
살아 있는 동안

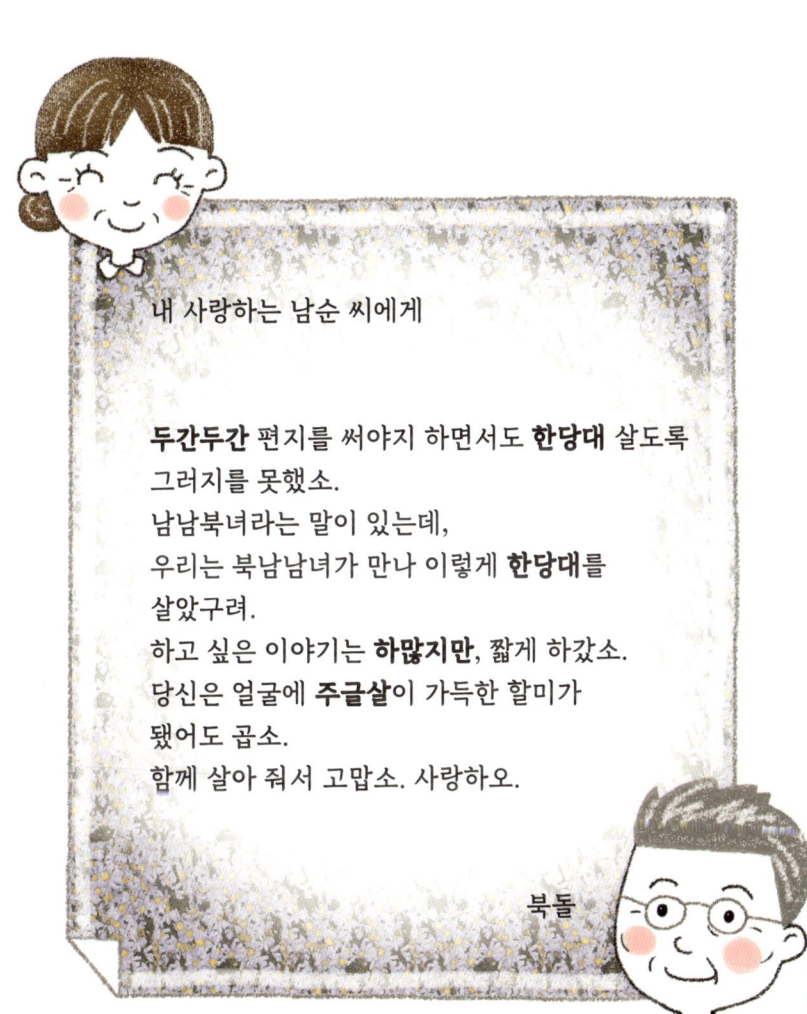

내 사랑하는 남순 씨에게

두간두간 편지를 써야지 하면서도 **한당대** 살도록
그러지를 못했소.
남남북녀라는 말이 있는데,
우리는 북남남녀가 만나 이렇게 **한당대**를
살았구려.
하고 싶은 이야기는 **하많지만**, 짧게 하갔소.
당신은 얼굴에 **주글살**이 가득한 할미가
됐어도 곱소.
함께 살아 줘서 고맙소. 사랑하오.

북돌

* **하많다**: 매우 많다

시간·장소

산책로 ♡ 거님길·유보도
산책할 수 있게 만든 길

 서울에는 유서 깊은 산책로가 많이 있어요. 청계천, 부암동 산책길, 창경궁, 덕수궁 돌담 길, 북한산 영취사, 동대문 성곽공원…. 한편 북한에는 모란봉 공원, 평양체육관 앞 광장, 대동강변 오솔길 등의 산책로가 있는데, 이를 **거님길(유보도)**이라고 해요.
 휴식을 취하거나 건강을 위해서 천천히 걷는 산책. 그 길을 이르는 북한말 **거님길**. 참 예쁜 우리말이네요.

시간 · 장소

세탁소 ♡ 빨래집
돈을 받고 남의 빨래나 다림질 따위를
해 주는 곳

드라이클리닝 ♡ 화학빨래
물 대신 유기 용제로 때를 빼는 세탁 방법

　북한에서는 세탁소를 **빨래집**이라고 불러요. 세탁소에서는 물세탁과 함께 드라이클리닝을 많이 하지요. 드라이클리닝은 유기 용제로 만든 약품으로 옷을 세탁하는 방법이에요. 주로 물로 세탁하면 안 되는 옷을 세탁할 때 드라이클리닝을 해요. 그래서 빨래를 하기 전에 물세탁을 해야 하는지 드라이클리닝을 해야 하는지 주의 깊게 살펴봐야 한답니다. 북한에서는 드라이클리닝을 **화학빨래**라고 해요.

시간·장소

아파트 ♡ 고층살림집

공동 주택의 하나로, 5층 이상의 건물을 층마다 여러 집으로 구획하여 각각 독립된 가구가 생활할 수 있도록 만든 주거 형태

　북한 사람들은 남한 사람들과 달리 땅을 개인적으로 소유하지 못하고, 5등급으로 나뉜 사회 계급에 따라 국가 소유의 주택을 분배받고 있어요.

　그렇다면 북한에도 고층 아파트가 있을까요? 네, 있답니다. 대부분의 일반 노동자는 일자형 다가구 주택인 일명 '**하모니카 주택**'에서 살지만, 특급 계층은 **고층살림집**에서 살아요.

　2017년에 준공된 평양 내 대표적인 신도시 려명거리에는 70층짜리 건물을 비롯해 40동이 넘는 **고층살림집**이 즐비하답니다.

시간 · 장소

주차장 ♡ 차마당

차를 세워 두도록 마련한 곳

출입문 ♡ 나들문

드나드는 문

　북한에서는 주택이 국가의 것이라 개인이 소유할 수 없어요. 자동차 역시 마찬가지랍니다. 따라서 건물에 주차장이 거의 없어요. 북한 친구들이 남한의 아파트나 건물마다 있는 **차마당**을 본다면 많이 놀라겠죠?

　평양에는 프랑스 파리의 개선문보다 더 커다란 평양 개선문이 있어요. 평양에 도착한 사람들을 가장 처음 맞아 주는 것이 바로 이 개선문이지요. 이처럼 어떤 장소에 드나드는 문을 북한에서는 **나들문**이라고 부른답니다.

시간·장소

언덕 ♡ 잔메
땅이 비탈지고 조금 높은 곳

터널 ♡ 차굴
산, 바다, 강 따위의 밑을 뚫어 만든 철도나 도로 따위의 통로

수로 터널 ♡ 물길굴
물이 흐르게 하기 위하여 지하에 설치한 물길

 북한말로 **잔메**는 높고 험하지 않은 쪽내기를 가진 나지막한 산을 가리켜요. 산을 뚫어 차가 다닐 수 있게 만든 터널은 **차굴**이라고 하고, 수력 발전소에 물을 끌어오기 위한 수로 터널은 **물길굴**이라고 해요.
 북한에서는 댐을 만들어 가둔 물을 **물길굴**을 통해 발전소로 보내 전력을 생산하고 있어요. 전기를 만들기 위해서는 **물길굴**이 필요하고, 자동차가 다니기 위해서는 **차굴**이 필요한 것이지요.

시간·장소

화장실 ♡ 위생실

변소를 달리 이르는 말

화장지 ♡ 위생종이·위생지

허드레로 쓰는 얇은 종이를 달리 이르는 말

북돌: 남순아, **위생실**이 **어드메** 있니?
남순: **위생실**이면 보건실? 어디 아파?
북돌: 아니다. 변소 말이다.
남순: 아, 화장실! 저기서 왼쪽으로 돌면 바로 있어!
북돌: 근데 말이다. 혹시 없을까 봐 말인디 **위생종이** 가지고 있으면 쥐 보라우.
남순: **위생실**이 화장실이랬으니까, **위생종이**는 화장지겠지?
북돌: 맞다. **날래 날래** 달라우.

함께 읽어 보아요

북한의 지형 조건은 어떨까요?

 북한의 면적은 남한의 1.2배예요. 하지만 전 국토의 90퍼센트가 산지라서 농사지을 땅이 남한보다 훨씬 부족해요. 북한에 식량이 부족한 이유 중 하나로 이러한 지형적 조건을 들 수 있지요.
 북한의 지방 특산물로는 신의주 배, 상원 단향살구, 재령 복숭아, 안변 감, 청진 올고추, 신창 송이버섯 등이 있어요.
 또한 북한의 산지는 납, 철, 아연, 구리, 은 같은 광물 자원이 풍부해서 경제적 가치가 높답니다.

● 북한의 자연적·지리적 조건이나 주민들의 생활, 아이들의 학교 생활 등 북한에 대해 알고 있는 정보들을 정리해서 적어 보세요.

* 도서관이나 인터넷에서 관련된 자료를 찾아 참고해도 좋아요.

7장

기구

기구

관광버스 ♡ 유람뻐스
관광객을 위하여 운행하는 버스

유람이란 돌아다니며 구경한다는 뜻으로, 관광이라는 말과 비슷해요. 1930년대에 활동했던 작가 김기림의 작품 가운데 〈**유람뻐스**〉라는 시가 있어요.

1930년대 이후 서울이 조선, 일본, 만주를 잇는 국제 관광과 여행 코스의 경유지가 되었고 오늘날 시티 투어 버스와 같은 '경성명소**유람뻐스**'라는 것이 생겼다고 해요.

중국인이 북한 여행을 자유로이 즐기듯 우리도 북한의 **유람뻐스**를 타고 북한 곳곳을 자유롭게 누비는 날이 어서 왔으면 좋겠어요.

기구

권투 글러브 ♡ 타격장갑

권투할 때 손에 끼는 장갑

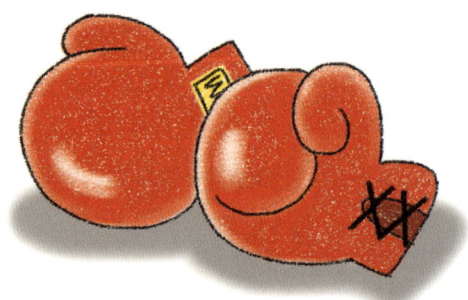

남순: 북돌아, 북한 사람들도 권투를 하니?
북돌: 당연하디. 세계 선수권 대회에 나가면 우리 선수들이 상을 **수둑이** 타디. 세계 여자 권투 선수권 대회에서도 금메달을 휩쓸었디 않갔어.
남순: 그렇구나. 요즘 우리 아빠가 권투에 빠지셨는지 권투 글러브를 사셨더라고. 매일같이 권투 연습이셔.
북돌: **타격장갑** 사셨다는 거이디? 아버지가 젊게 사신다.

***수둑이**: 수두룩하게

기구

냉장고 ♡ 랭동기

식품이나 약품 따위를 차게 하거나 부패하지 않도록
저온에서 보관하기 위한 상자 모양의 장치

    북한에서는 냉장고를 **랭동기**, 에어컨을 **랭풍기**, 여학생을 **녀학생**이라고 해요. 왜 '냉'과 '여'를 북한에서는 '랭'과 '녀'로 쓰는 걸까요?

    남한에서는 단어의 첫머리에 '니, 냐, 녀, 뇨, 뉴, 리, 랴, 려, 료, 류'가 오지 않고 '라, 로, 루, 르, 래, 레, 뢰'는 '나, 노, 누, 느, 내, 네, 뇌'로 바뀌기 때문이에요. 'ㄹ, ㄴ'이 'ㅇ'으로 바뀌거나, 'ㄹ'이 'ㄴ'으로 바뀌는 것이지요. 이런 현상을 두음법칙이라고 한답니다.

    하지만 북한에는 두음법칙이 없어요. 그래서 '냉동기', '냉풍기', '여자', '노인'을 '**랭동기**', '**랭풍기**', '**녀자**', '**로인**'으로 쓰는 것이랍니다.

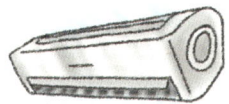
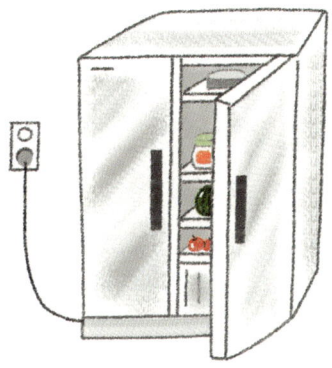
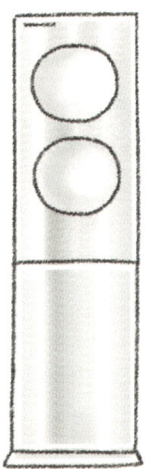

에어컨 ♡ 랭풍기

여름에 실내 공기의 온도, 습도를 조절하는 장치

기구

생활필수품 ♡ 인민소비품

일상생활에 반드시 있어야 할 물품

남순: 북돌아, 오늘 숙제가 생활필수품에 대해서 적어 보는 거잖아.

북돌: 고거이 **인민소비품**을 말하는 거이가?

남순: 그런가? 아무튼 우리 일상생활에서 꼭 필요한 것들 말이야.

북돌: 요즘처럼 더운 여름에는 **랭동기**나 **랭풍기** 없으면 못 살지 않갔어?

남순: 맞아. 만약 냉장고가 없으면 음식이 다 상할 거야. 에어컨이 없으면 더워서 쓰러질 거고.

기구

물컵 ♡ 물고뿌

음료를 따라서 마시는 데 쓰는 컵

남순 어머니: 북돌이 어머니, 오랜만이에요.
북돌 어머니: 그러게나 말입니다. 잘 지내셨습네까?
남순 어머니: 네, 그런데 집이 정말 깨끗하네요.
북돌 어머니: 아니라요. 내래 그렇게 깨끗한 사람이 못 돼서리.
　　　　　　　북돌아! **물고뿌**에 찬물 담아서 **단묵**이랑 내오라.

*단묵: 젤리

기구

방부제 ♡ 썩음막이약

미생물의 활동을 막아 물건이 썩지 않게 하는 약

　북한에서는 1970년대부터 라면을 생산했지만, 그때는 스프가 별도로 없었어요. 스프까지 넣은 라면은 2000년에 나온 '대동강 봉지**즉석국수**(봉지 라면)'와 '대동강 **고뿌즉석국수**(컵라면)'예요. **썩음막이약**이 들어 있지 않고 영양이 풍부하며 소화가 잘 된다는 홍보 문구와 함께 북한 주민들 사이에 판매되기 시작했어요. 북한 주민들은 라면을 **즉석국수** 혹은 **꼬부랑국수**라고 부른답니다.

기구

에스컬레이터 ♡ **계단승강기**
사람이나 화물을 위아래로 나르는 계단 모양의 장치

엘리베이터 ♡ **수직승강기**
사람이나 화물을 위아래로 나르는 상자 모양의 장치

백화점이나 큰 건물에 가면 에스컬레이터와 엘리베이터가 있어요. 그런데 이름이 어렵고 비슷해서 헷갈리지 않나요? 북한에서는 에스컬레이터를 **계단승강기**, 엘리베이터를 **수직승강기**라고 불러요. 계단 모양의 승강기, 수직으로 오르내리는 승강기라고 생각하니 훨씬 쉽게 뜻을 이해할 수 있네요.

기구

스위치 ♡ 전기여닫개
전기 회로를 이었다 끊었다 하는 장치

커튼 ♡ 창가림막
창이나 문에 치는 휘장

남순: 북돌아, 너무 깜깜해. 불 좀 거 봐!
북돌: 내래 **전기여닫개**를 못 찾겠으니 어찌하면 좋갔니.
남순: 그러면 커튼이라도 열어 보든지. 무서워 죽겠어!
북돌: 알갔다. **창가림막 인차** 열갔어.
남순: 어휴, 살았다. 어머, 근데 스위치가 커튼에 가려져 있어 안 보였던 거네!

기구

오토바이 ♡ 모터찌클

앞뒤로 있는 두 바퀴에 원동기를 장치하여 그 동력으로 바퀴가 돌아가게 만든 탈것

"경애하는 **최고령도자** 동지와 리설주 **녀사**께서 타신 자동차 행렬은 21대 **모터찌클**의 호위를 받으며 **낚시터 국빈관**으로 향하였습니다."

― 조선중앙TV, 2018년 3월 28일자 보도

* **최고령도자**: 최고 지도자
* **녀사**: 여사
* **낚시터 국빈관**: 댜오위타이 국빈관

 북한의 최고 지도자 김정은 위원장이 시진핑 주석을 만나러 중국을 방문한 내용을 보도한 뉴스예요.
 나라의 큰손님을 맞이할 때나 국가의 큰 행사를 치를 때, 오토바이 여러 대가 기다란 자동차 행렬을 호위하며 달리는 모습을 텔레비전에서 봤을 거예요.
 북한말 **모터찌클**은 러시아어로는 모토치클, 영어로는 모터사이클, 남한말로는 오토바이라고 불러요. 이 단어만 보아도 북한의 외래어는 러시아의 영향을 많이 받았다는 것을 알 수 있어요.

기구

안전벨트 ♡ **걸상끈·박띠**

자동차·비행기 따위에서, 사고 시 사람을 보호하기 위하여 좌석에 고정하는 띠

자동차나 비행기를 탈 때 안전벨트를 착용하면 사고가 났을 때 크게 다치는 것을 어느 정도 막을 수 있어요. 남한말로는 안전벨트 또는 안전띠라고 부르고, 북한에서는 **걸상끈** 또는 **박띠**라고 부른답니다. 차 안에서는 앞좌석, 뒷좌석 모두 반드시 안전벨트를 매야 한다는 것, 잊지 마세요!

와이퍼 ♡ 비물닦개

자동차의 앞 유리에 들이치는 빗방울 따위를
좌우로 움직이면서 닦아 내는 장치

1960년대의 한 소설을 보면 "버스 앞 유리닦개가 부지런히 유리의 눈을 닦고 있다."는 대목이 있는데, 유리닦개는 와이퍼wiper를 순화한 말이에요. 이렇듯 시골 어른들은 와이퍼를 유리닦개 혹은 창닦개라고 불렀어요. 북한에서는 이를 **비물닦개**라고 한답니다.

기구

프라이팬 ♡ 지짐판

자루가 달린 얕고 넓적한 냄비

추석을 대표하는 음식으로 남한과 북한 모두 송편을 꼽지만, 특별히 평양에서는 '**노치**'라는 떡을 만들어 먹는다고 해요.

노치는 찹쌀가루를 삭혀 만든 떡이에요. 먼저 찹쌀가루를 끓는 물에 반죽한 뒤 쪄서 엿기름가루를 넣고 하루 동안 삭혀요. 그런 다음 둥글납작하게 빚어 **지짐판**에 기름을 두르고 지져 내지요. 삭힌 음식이라 겨우내 저장해 두고 먹을 수 있다고 해요.

명절 음식뿐 아니라 **지짐판**에 **닭알말이**나 **기름밥** 등 다양한 **료리**를 만들어 먹을 수 있어요. 하지만 기름을 두른 **료리**는 칼로리가 높으니 **몸까기** 하는 친구들은 많이 먹지 않도록 주의하세요!

기구

샴푸 ♡ 머리비누

머리를 감는 데 쓰는 비누

헤어드라이어 ♡ 건발기

머리 말리는 기계

염색약 ♡ 머리물감

염색을 할 때에 물감과 함께 풀어서
물이 잘 들도록 해 주는 약품

북돌: 남순이 니 무슨 **머리비누** 쓰는데 이리 향기가 좋니?
남순: 헤헤, 비밀이야. 근데 바빠서 머리도 못 말리고 나왔어.
북돌: **건발기**로 꼭 말리고 나오라. 감기 걸린다.
남순: 알았어. 북돌아, 시간 되면 우리 엄마 염색약 사러 같이 갈래?
북돌: 너희 어머니 **머리물감** 쓰시는 거이니?
남순: 몰랐어? 우리 엄마는 흰머리가 많아서 자주 염색하셔.

함께 읽어 보아요

달려라~ 뻐꾸기!

남한에 현대, 기아 같은 자동차 회사가 있듯이 북한에도 총 다섯 개의 자동차 회사가 있어요. 한국의 자동차 생산량이 세계 6위, 1년에 411만 대가 넘는 데 반해, 북한은 1년에 3,000대가량만 생산한답니다. 군수 산업에 치중하다 보니 자동차 산업은 아직 발전이 덜 된 것이지요.

북한의 자동차 이름들은 정말 멋져요. 뻐꾸기, 휘파람, 삼천리…. 북한 친구들과 뻐꾸기를 타고 대동강변에 놀러 갈 수 있는 날이 어서 왔으면 좋겠어요.

● 북한에서 가장 가 보고 싶은 곳을 다섯 군데 이상 적어 보세요.

* 도서관이나 인터넷에서 관련된 자료를 찾아 참고해도 좋아요.

8장

학교생활

학교생활

유아원 · 어린이집
♡ **탁아소**

학교에 들어갈 나이가 되기 전의 어린이들을 교육하는 시설 중 유치원 전 단계의 시설

　북한의 유치원은 2년제로 운영돼요. 낮은반(만 4세)은 유치원이지만 **탁아소**와 같은 형태로 운영되고 있고, 높은반(만 5세)은 의무교육(12년제)에 포함되어 모든 어린이가 다니도록 하고 있어요.
　유치원에서는 김일성 전 주석과 김정일 전 위원장의 어린 시절 이야기, 언어 학습, 셈하기, 노래와 춤, 그리기와 만들기, 체육, 놀이, 관찰 등을 배운답니다.

학교 생활

초등학교 ♡ 소학교
아동들에게 기본적인 교육을 실시하기 위한 학교

중·고등학교 ♡ 중학교
보통 교육과 전문 교육을 실시하기 위한 학교

　북한에서는 만 4세가 되면 유치원에 들어가요. 유치원에서 2년간의 교육 과정을 마친 뒤 **소학교**에 입학하고, 이곳에서 5년간의 교육 과정을 마치면 **중학교**에 들어가요.

　중학교의 교육 과정은 6년이에요. 북한은 중학교와 고등학교가 나뉘어 있지 않아요. 대신 **중학교** 안에서 **초급 중학교**와 **고급 중학교**로 나누어 각각 3년씩 교육을 받는답니다.

학교
생활

♡ 직통생

중학교(중학교 겸 고등학교)를 졸업하고
바로 대학에 입학한 학생

    북한에서는 **중학교**를 졸업하면 크게 대학 진학, 군 입대, 직장 배치 등 세 가지 진로를 선택할 수 있어요.
    대학에 진학하는 이른바 '**직통생**'은 **중학교** 졸업생의 13퍼센트 정도예요. 그 외의 경우, 남자는 대부분 군대에 가고 여자는 주로 취업을 해요.

남자: 동무, 이번에 솔업하고 **비행안내원**으로 가게 되었다면서리?
여자: 그건 동무가 어찌 알았간? 소문 한번 빠르구먼 기래.
남자: 학교에 소문이 **와드드하게** 났던디.
여자: 동무는 어찌 되었네?
남자: 내래 **방송원**이 꿈이어서 대학을 가기로 했디.
여자: 그럼 동무래 **직통생**이 되는 거이가? 우아! 축하해.

* **비행안내원:** 스튜어디스
* **와드드하다:** 몹시 크거나 요란스럽다
* **방송원:** 아나운서

학교 생활

매트 ♡ 체조깔개

운동을 할 때 위험을 방지하기 위하여 바닥에 까는 물건

"10여 년 넘게 왕좌 지켜온 '체조깔개의 녀왕' 계순희"

　　브라질에서 열린 제25차 세계 **유술** 선수권 대회 57kg급 결승 경기에서 계순희는 또다시 우승하여 4중 세계 **유술** '**녀왕**'이 되었다. 140여 개 나라와 지역에서 온 700여 명의 남녀 **유술** 강자들이 참가한 이번 경기에서 계순희는 **맞다든** 선수들을 압도적인 실력 차이로 이기고 결승 경기에 나서게 되었다.

　　에스빠냐의 이사벨 페르난데스와 맞서게 된 그는 경기 시작 1분 5초 만에 발뒤축걸기 한판으로 그를 **타승**하고 1등을 쟁취하였다.

- 통일신문 | 2008년 2월 5일자 발췌

* **녀왕**: 여왕
* **유술**: 유도
* **맞다들다**: 정면으로 마주치거나 직접 부딪치다
* **에스빠냐**: 스페인
* **타승**: 경기 따위에서 상대편을 누르고 이김

학교
생활

멜로디언 ♡ 입풍금
입으로 바람을 불어 넣으며 건반을 눌러
소리를 내는 건반 악기

아코디언 ♡ 손풍금
주름상자를 신축시키고 건반을 눌러 연주하며
경음악에 쓰는 악기

　북한 학생들은 어릴 때부터 악기와 춤을 많이 익혀요. **소조활동**으로 학생들이 최소한 한 가지 이상의 악기를 다룰 수 있도록 하고 있지요. **소조활동**이란 남한의 방과 후 학교와 비슷한 활동이에요.
　교실에서 선생님의 반주에 맞춰 **입풍금**과 **손풍금**을 연습하는 친구들 모습을 상상하니 참 멋지네요.

학교
생활

모눈종이 ♡ 채눈종이

일정한 간격으로 여러 개의
세로줄과 가로줄을 그린 종이

높은음자리표
♡ 쏠음표 · 고음기호

오선보에서 오선의 제2선이
'사' 음의 자리임을 나타내는 기호

선생님: 애들아, 오선지가 없으니 모눈종이에 악보를 그려 볼까?

북 돌: 모눈종이라면, **채눈종이** 말입네까?

선생님: 그래, **채눈송이**에 줄을 가로로 다섯 개 긋고 높은음자리표를 가장 왼쪽에 그리렴.

북 돌: **쏠음표** 말입네까?

선생님: 맞아. 좀 어렵겠지만 혼자 그려 보렴. 그러면 선생님이 봐 줄게.

북 돌: 고거이 **새리새리**하구먼요.

학교 생활

필통 ♡ 필갑통
연필이나 볼펜, 지우개 따위를
넣어 가지고 다니는 작은 상자 모양의 물건

볼펜 ♡ 원주필
펜 끝의 작은 강철 알이 펜의 움직임에 따라
돌면서 쓰도록 된 필기도구

샤프 ♡ 수지 연필
가는 심을 넣고 축의 끝부분을 돌리거나 눌러
심을 조금씩 밀어 내어 쓰게 만든 필기도구

　북한의 새 학기는 4월 1일이에요. 3월은 '학교 지원 월간'이라고 해서 개학을 준비하는 기간으로 정해 놓고 있어요. 이 기간 동안 선생님들은 교재와 수업을 준비하고, 학생들은 학교에 갈 준비를 하지요.

　남한에서는 초등학교에 입학할 때 학용품을 각 가정에서 준비해요. 하지만 북한의 경우는 학교에서 가방에 **필갑통, 원주필**, 책받침, 자, 크레파스, 연필, 지우개, 공책 등 필수 학용품을 넣어 **소학교** 신입생들에게 나누어 준다고 해요. 요즘 북한에서는 특별히 **수지 연필**의 인기가 높아지고 있답니다.

학교생활

스크랩북 ♡ 오림책
신문, 잡지 따위에서 필요한 부분만을 오린 것을 보관하기 위하여 책처럼 만든 것

스카치테이프 ♡ 붙임띠
접착력이 있는 테이프

줄자 ♡ 도래자
헝겊이나 강철로 띠처럼 만든 자

스테이플러 ♡ 책집게
'ㄷ'자 모양으로 생긴 철사 침을 사용하여 서류 따위를 철하는 도구

선생님: 애들아, 자기가 만든 스크랩북 안에서 제일 마음에 드는 걸 한 장만 골라 보렴.
북 돌: **오림책**에 있는 걸로 뭐 하려고 그러십네까?
선생님: 교실 뒤에 있는 게시판을 장식하려고 그래. 자, 다들 한 장씩 가지고 가서 붙여 보자. 참, 북돌아! 네가 줄자로 벽을 재서 친구들이 붙이는 걸 도와주렴.
북 돌: 알갔습네다. 동무들이 압정이나 **붙임띠**, **책집게**로 붙이기 전에 내래 **날래 도래자**로 간격을 재어 보갔시오.

학교 생활

소꿉친구 ♡ **송아지동무**

어렸을 때 함께 뛰놀던 동무

"어깨동무 씨동무, 미나리 밭에 앉았다.
동무 동무 씨동무, 보리가 나도록 씨동무"

이 노랫말에 나오는 씨동무는 소중한 동무를 말해요. 길을 함께 가면 길동무, 같은 곳에서 공부하면 글동무, 맘 터놓고 이야기 나누면 말동무라고 했지요.

어릴 때 소꿉놀이하던 친구를 북한에서는 **송아지동무**라고 한답니다.

옛 속담에 "친구는 옛 친구가 좋고 옷은 새 옷이 좋다."는 말이 있어요. 여러분에게 소중한 **송아지동무**는 누구인가요?

학교생활

왕따
♡ 몰아주기 · 모서리주기
따돌리는 일. 또는 따돌림을 당하는 사람

북한말로 왕따를 **몰아주기(모서리주기)**라고 해요.

그런데 북한에서는 어떤 경우에 친구를 왕따 시킬까요? 여러 가지 이유가 있겠지만 특별히 힘이 약하거나 돈이 없는 친구를 **몰아주는** 경우가 있다고 해요.

하지만 이렇게 친구를 괴롭히는 건 옳지 못한 행동이에요. 친구들과는 사이좋게 지내야 한답니다.

함께 읽어 보아요

방학 생활이 궁금해요

　남한의 여름 방학은 초등학교와 중학교의 경우 8월을 중심으로 30~35일 정도이고, 북한의 여름 방학은 **소학교**(초등학교)의 경우 8월 한 달, **중학교**(중학교 겸 고등학교)의 경우는 8월 15일부터 8월 31일까지 15일 정도예요. 북한은 겨울에 날씨가 몹시 추워서 여름 방학보다 겨울 방학이 훨씬 더 길어요.

　북한 친구들은 방학이라고 해도 늦잠을 잘 수 없어요. 아침 6~7시에 동네별로 학생들이 모여 아침 달리기를 하지요. 반 대표가 출석까지 부른답니다. 그리고 나서 6~7명 정도로 구성된 소년단의 '반'을 중심으로 모여 독서나 방학 숙제를 함께 해요.

　때때로 동네에 일손이 필요하면 농사일이나 어른들을 돕기도 한답니다.

함께 읽어 보아요

소조활동이 뭐예요?

　방과 후 선생님의 지도하에 수학, 물리, 화학, 외국어 등 주요 학과목을 예습·복습하거나 기타, 하모니카, 피리 등의 악기와 탁구, 농구 등 각종 운동을 연습하고 실험·실습을 하는 등 일종의 동아리 성격을 띤 활동을 말해요. 활동 시간은 하루 2~3시간 정도예요.

　소조小組에서 우수한 실력과 재능을 갖춘 학생으로 선발되면 평양학생소년궁전, 만경대학생소년궁전, 2.16학생소년궁전 같은 과외 교육 기관으로 가서 별도로 교육을 받아요.

　소조활동은 방과 후뿐 아니라 방학 중에도 이루어져요. 학교뿐 아니라 공장이나 기업 등에서도 **소조활동**을 한답니다.

9장

가족·역할

가족 · 역할

군인 가족 ♡ 후방가족

나라를 지키기 위하여 나선 군인들의 가족

　북한에서 "저 사람은 **토대**가 좋아."라고 할 때 **토대**라는 말은 출신 성분을 뜻해요. 출신 성분이 제일 좋은 계급을 **핵심 계층**이라고 부르며, 인민군이나 혁명 유족, **후방가족** 등이 여기에 속해요.
　북한은 군인들의 사기를 높이기 위해 군인 가족에 대한 혜택이 상당히 크다고 해요. 군인 가족이 일할 수 있도록 세운 공장이나 회사도 있다고 하니, 북한에서 군인이 얼마나 중요한 역할을 하고 있는지 짐작할 수 있겠지요?

가족·역할

아내 ♡ 안해

혼인하여 남자의 짝이 된 여자

남순: 북돌아, 너는 나줌에 네 아내가 될 사람이
　　　어떤 사람이면 좋겠어?
북돌: 남순이 니 별걸 다 묻는다.
　　　내래 **촌바우**라 그저 **안해**는 착하면 됐디.
남순: 착한 여자? 나잖아! 난 너랑 결혼할 생각 없는데!
북돌: 뭐라는 거이가. 나도 니 남편 될 생각 추호도 없다.

*촌바우: 촌뜨기

가족 · 역할

장인 ♡ 가시아버지
아내의 아버지

장모 ♡ 가시어머니
아내의 어머니

　북한에서는 아내의 아버지와 어머니를 이르는 말인 장인, 장모를 **가시아버지**, **가시어머니**라고 불러요.

　가시아버지라고 하니 부성애의 대명사인 가시고기가 떠올라요. 가시고기의 등에 난 가시는 자식을 지켜야 할 때나 적이 나타났을 때 위협하기 위한 것이에요. 가시고기는 자식을 위해 헌신하고 자식들을 모두 독립시키고 나면 죽음을 맞는다고 해요.

　딸을 출가시킬 때까지 정성스레 키우는 **가시아버지**와 **가시어머니**의 마음도 가시고기의 마음과 다르지 않을 듯하네요.

가족·역할

손자 ♡ 두벌자식

아들의 아들, 또는 딸의 아들

아주머니: 할머니, 어쩜 그렇게 아기한테 눈을 못 떼세요. 그렇게 예뻐요?
할 머 니: **두벌자식**은 눈에 넣어도 안 아프디요.
아주머니: 작년에 결혼한 큰아드님 첫째 아들이죠?
할 머 니: 맞다우. 북조선에 **두벌자식**이 더 곱다는 말이 있디. 요즘은 이 녀석 보는 재미로 산다우.

가족·역할

소매치기 ♡ 따기군

남의 몸이나 가방을 슬쩍 뒤져
금품을 훔치는 사람

　북한에서는 남이 지닌 돈이나 물건 같은 것을 살짝 따 내어 훔친다는 뜻에서 소매치기를 **따기군**이라고 불러요.
　따기군은 우리나라뿐 아니라 세계 어느 나라에나 있어요. 그러니 해외여행을 가서도 조심해야 해요!

가족 · 역할

이발사 ♡ 리발사
남의 머리털을 깎아 다듬는 일을 직업으로 하는 사람

은행의 지점 ♡ 저금소
은행의 본점에서 갈라져 나온 점포

은행원 ♡ 은행경제사
은행 업무에 종사하는 직원

남　자: 이발사 선생님, 제 머리카락이 기늘고 푸석한 데다가 곱슬거리기까지 하니 자를 때 참고하시고 투블럭이나 덴디컷 스타일로 하되 뒷머리는 살짝 상고머리처럼 잘라 주세요.

이발사: 머리에 신경을 많이 쓰시는구먼요. 무슨 일 하시오?

남　자: 요 앞 통일은행 지점에서 일해요.

이발사: **저금소** 말이오? **은행경제사**이신가 보구먼. 내래 최신 유행에 뒤떨어지지 않으려고 노력하는 **리발사**이니 믿고 맡겨 주시라요.

가족·역할

벼락부자 ♡ 갑작부자

갑자기 된 부자

남순: 북돌아, 너 솔부리는 말 암아?
북돌: 졸부? **갑작부자** 아이니?
남순: 그래, 벼락부자 말이야. 너는 갑자기 돈벼락 맞으면 뭐 하고 싶어?
북돌: 그런 생각을 와 하는 거이가?
남순: 나는 한 달 동안 크루즈를 타고, 명품 가방이랑 다이아 반지를 살 거야. 그리고 우아한 드레스를 입고 매일 밤 파티하면서 놀 거야!
북돌: 니 그러다가 욕먹는 수가 있다.

함께 읽어 보아요

같은 듯 다른 남한말과 북한말

"할아버지, 생신 축하드려요. 오래오래 건강하세요!"

우리는 웃어른에게 생일 대신 생신이라는 높임말을 사용해요. 그런데 북한에서는 생신이라는 말을 거의 사용하지 않아요. 그래서 "할아버지, **생일 축하합니다. 오래오래 앉아 계십시오.**"라고 하지요. 북한에서는 오래오래 앉아 계시라는 말이 오래도록 건강히 사시라는 뜻이라고 해요.

또 남한과 북한 모두 '소행'이라는 단어를 사용해요. '동일범의 소행으로 추정된다.'는 말에서 볼 수 있듯이 우리는 '소행'이라 하면 괘씸한 짓을 가리키지만 북에서는 선행을 했을 때도 '소행'이라는 말을 사용해요. 같은 듯 다른 북한말과 남한말, 재미있지요?

할아버지, **생일 축하합니다. 오래오래 앉아 계십시오.**

● 북한이나 통일과 관련된 영화들을 찾아보고, 그 가운데서 재미있어 보이는 영화를 관람해 보세요.

* 북한과 통일 관련 추천하고 싶은 영화 리스트를 적어 보세요.

추천 영화 리스트

10장

은어

은어

은어란?

다른 사람들이 알아듣지 못하도록 특정 구성원끼리만 쓰는 말이에요.

은어를 사용하는 이유는 무엇일까요?

대개는 자신이 속한 집단에서만 사용하고, 그 말뜻을 다른 집단에는 숨기려고 하는 것이 목적이에요.

미역국을 먹다
♡ 락제국을 먹다
시험에 합격하지 못하다

북돌: 남순이 니 **락제국**이 뭔지 아니?

남순: **락제**라면 낙제 아니야? 두음법칙 때문에 남한은 낙제, 북한은 **락제**라고 쓸 것 같아.

북돌: 니 아주 제법이다. 그러면 '**락제국을 먹었다.**'고 하면 무슨 뜻인 디 알갔니?

남순: 낙제하는 국을 먹은 거니까, 합격하지 못했다는 뜻이겠지! 나는 시험 보기 전에 미역국 절대 안 먹을 거야.

누룽지 ♡ 고급과자

북돌: 남순이 니 어머니가 돈 좀 주셨네? 얼마 있는디 말해 보라.
남순: 네가 알아서 뭐 하게!
북돌: 우리 둘이 돈을 합쳐서 **고급과자** 사 먹으면 안 되갔니?

여성의 몸매 ♡ 깍구

북돌: 저 **녀성** 동무 **깍구**가 무척 곱디 않니. 그래도 나는 **수수끔하게** 입는 게 좋더라.

남순: 왜? 예쁘기만 한걸.

***수수끔하다:** 수수한 데가 있다

은어

♡ 박수보약

집회나 학습 활동 때 박수를 많이 쳐야
신상에 좋다는 뜻

북한 뉴스나 홍보 자료 등을 보면 길거리나 집회장에서 주민들이 한껏 미소를 머금고 열렬히 박수를 치고 있어요.

이런 모습을 비유한 북한 은어가 **박수보약**이에요. 집회 등에서 박수를 많이 쳐야 신상에 좋다는 말이지요.

남순: 북돌아, 이번 학교 축제 때 내가 우리 반 대표로 피아노 연주를 할 거야.
북돌: 드디어 니 피아노 솜씨가 어떤지 보겠구먼 기래.
남순: 관중석에서 박수 많이 쳐 줘야 돼.
북돌: 그야 실력이 좋으면 당연히 많이 치지 않갔니?
남순: …. 북돌이 너 **박수보약**이 뭔지 알지? 내가 지켜볼 거야!

은어

♡ 빈대 탄다

몸에 있는 빈대까지 탈 정도로
노동 착취가 심하다

♡ 뼈다구 파낸다

개인의 약점을 끝까지 파헤치다

북돌: 우리 어머니, 아버지도 **빈대 다 타서** 힘드셨디.
남순: 부모님 몸에 빈… 대… 가 많으셨어? 어쩌다….
북돌: 고거이 아니라 노동 착취가 너무 심해서리
그저 **빈대 탄다고** 우리끼리 말하는 거이다.
남순이 니 '**뼈다구 파낸다.**'는 말은 뭔디 아네?
남순: 음, 모르겠어. 뼈를 파낸다니 뭔가 무서운 뜻일 것 같아.
북돌: 그 말은 조상의 **뼈**를 파낼 정도로 개인의 약점을
파헤친다는 뜻이디.
남순: 누군가가 나한테 그러면 정말 싫겠다!

은어

♡ 300%

여자가 시집을 가면 집안일, 직장, 남편을 섬기는 일 모두에 100퍼센트 정성을 다해야 한다는 뜻에서 시집갈 처녀를 일컫는 말

   북한은 남한에 비해 아직까지도 가부장적인 문화가 강해서 여성의 인권 상황이 매우 열악하다고 해요.
   이런 상황에서 북한의 여성들은 결혼을 하게 되면 직장은 물론 집안일과 아내로서의 역할까지 감당해야 해요. 세 가지 역할을 모두 완벽하게 하라는 의미로 결혼을 앞두고 있는 처녀를 **300%**라고 부른답니다.

♡ 다마네기 정책

북한의 구시대적인 정책

♡ 도깨비 인사

무질서한 인사 정책을 비웃는 말

북돌: 다마네기 정책, 도깨비 인사 모두 싹 없어져야 할 적폐 아니갔어.
남순: 도깨비는 몰라도 양파가 없어지면 안 돼. 우리 아빠가 양파를 얼마나 좋아하시는데.
북돌: 고거이 아니고! 구시대적이고 무질서한 정책을 싸잡아 얘기하는 거 아이니.

***다마네기:** 양파를 뜻하는 일본어

은어

♡ **꽃제비**

집이 없이 떠돌아다니는 아이들

♡ **쑥섬 신세**

범죄자 집단 수용지인 평남 서해안의 쑥섬에 갇힌 주민들의 비참한 생활

북돌: 꽃제비들이나 **쑥섬** 신세인 주민들이나 다 불쌍하디.
남순: 꽃제비는 알겠는데, **쑥섬**은 뭐래요 어니야?
북돌: 평안도에 있는 외진 섬인데 특별 수용소가 있디.
        정치범 수용소보다 더 끔찍한 곳 아니갔어.
남순: 아하, 그래서 **쑥섬** 신세라고 하는 거구나.

은어

♡ **차라병**

아이들이 못 먹어 영양실조에 걸려서
배만 볼록 나온 상태

♡ **폭탄밥**

폭탄을 맞아 움푹 들어간 것처럼
그릇에 조금만 담은 밥

♡ **염소대조탕**

소금만 넣고 끓인 죽

북돌: 남순아, **차라병** 걸린 **꽃제비**들 소원이 뭔지 아니?
남순: 그거야 뭐, 배불리 먹어 보는 거겠지.
북돌: 맞다. 바로 고거야. **폭탄밥**, **염소대조탕**으로 **끼니를 에우는** 거 말고 수북이 담긴 쌀밥에 고기를 배불리 먹어 보는 거이다.

은어

♡ 콩사탕
공산당을 조롱하는 말

♡ 호박당원
뇌물을 주고 입당한 당원

♡ 늑대
당 간부를 빈정대는 말

♡ 가락국수
당 간부들이 교양 학습 때 주민들을 가락국수 뽑듯 괴롭힌다는 말

북돌: 남순이 니는 평소에 군것질거리 뭐 좋아하니?
남순: 난 초콜릿도 좋아하고 캐러멜도 좋지만 사탕은 별로 안 좋아해. 특히 콩 맛 나는 사탕은… 웩!
북돌: 남순이 니도 콩사탕 싫어하니? 나도 **콩사탕** 싫어한다.
남순: 어머, 우리 공통점이 하나 생겼네.
북돌: 내래 **콩사탕**만 싫어하는 게 아이다. **호박당원**, **늑대** 다 싫다. 우리를 **가락국수** 취급하고 **숙보는** 것도 질색이다.

***숙보다**: 깔보고 업신여기다

함께 읽어 보아요

북한의 교육에 대해서

 김정은 위원장이 세계적 과학 인재 육성을 교육 목표로 세운 뒤 디지털 교육은 물론, 외국어 교육 시간까지 늘어났다고 해요. 북한의 영어 교육은 김정은 위원장 집권 이후인 2013년부터 대폭 강화되어, 중학교 1학년부터 배우기 시작하던 영어를 초등학교 3학년부터 배우게 되었답니다.

 또한 본래는 중학교를 졸업한 뒤에는 일괄적으로 군대에 가야 했는데, 2002년경부터는 대학을 졸업한 뒤에 군대를 갈 수 있도록 병역 제도가 바뀌었어요. 이 때문에 대학에 가려는 학생이 늘고, 입시 경쟁도 치열해지고 있다고 해요.

함께 해 보아요

● 북한을 소개하는 동영상을 찾아 가족에게 소개해 보세요.

　＊ 유튜브(www.youtube.com)에 '북한 생활', '북한 학교생활' 등의 검색어를 넣어 북한 친구들의 생활에 대한 영상을 검색해 보세요. 좀 더 구체적으로 '북한 농구'라든지 '북한에서 유행하는 노래' 등을 찾아보아도 좋아요.

동영상 리스트

11장

수학 용어

수학 용어

　애들아, 만나서 반가워. 나는 통일소망초등학교에서 수학을 가르치고 있는 왕명석이라고 한단다.
　남북한에서 쓰이는 수학 용어가 달라서 헷갈리는 것이 많지? 그래서 선생님이 이것들을 정리해서 너희들에게 설명해 주려고 해. 선생님이 최대한 이해하기 쉽게 설명할 테니 귀 기울여 잘 들으렴.
　참, 수학의 개념을 이해하는 것보다는 북한말과 남한말의 차이를 이해하는 게 더 중요하다는 걸 기억했으면 좋겠구나.

빼기 ♡ 덜기

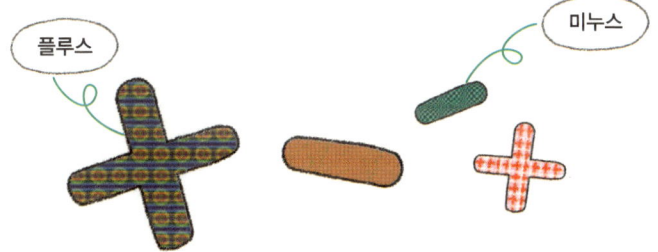

　남한에서는 '더하기, 빼기, 곱하기, 나누기'를 사칙연산이라고 해. 그러면 북한에서는 사칙연산을 각각 어떻게 부를까!

　북한에서도 '더하기, 곱하기, 나누기'는 남한과 똑같이 부른단다. 단 '빼기'는 '**덜기**'라고 부르지.

　자, 그럼 100 더하기 250 **덜기** 45는 얼마일까? 하하, 너무 쉽지? 다음으로는 집합에 대해 알아볼까?

＊**미누스**: 마이너스
＊**플루스**: 플러스

공집합 ♡ 빈모임
교집합 ♡ 모임의 사귐 · 적모임
합집합 ♡ 모임의 합

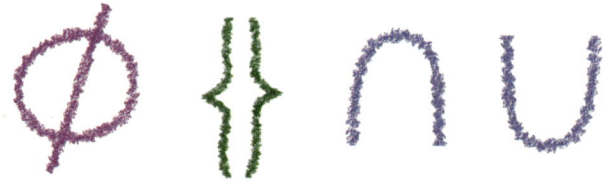

북한말로 **빈모임**은 아무런 원소를 가지지 않는 집합, 즉 공집합이야. 북한말로 **모임의 사귐(적모임)**은 둘 이상의 집합에 공통으로 들어 있는 원소들 모두로 이루어진 집합, 즉 교집합을 말하지.

예를 들어, '엄마가 좋아하는 과일로 이루어진 집합'과 '아빠가 좋아하는 과일로 이루어진 집합'의 **모임의 사귐**은 엄마와 아빠가 공통으로 좋아하는 과일이겠지? 그럼 **모임의 사귐**을 **모임그림**으로 그려 볼까?

벤다이어그램 ♡ 모임그림

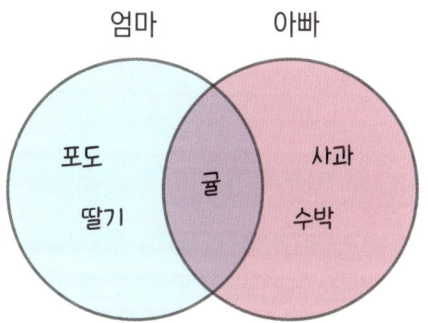

엄마가 좋아하는 과일={ 포도, 딸기, 귤 }
아빠가 좋아하는 과일={ 귤, 사과, 수박 }
모임의 사귐(교집합)={ 귤 }
모임의 합(합집합)={ 포도, 딸기, 귤, 사과, 수박 }

수학 용어

정삼각형 ♡ **바른삼각형**
정사각형 ♡ **바른사각형**
정육면체 ♡ **바른육면체**

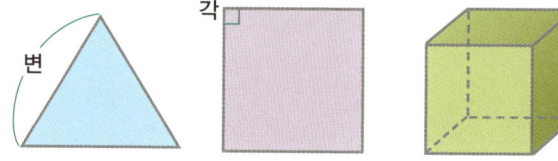

　세 개의 변과 각으로 이루어진 평면 도형을 삼각형이라고 해. 그러면 네 개의 변과 각으로 이루어진 평면 도형은 사각형이겠지? 이때, 각 변의 길이와 각의 크기가 모두 같으면 남한말로는 정삼각형과 정사각형, 북한말로는 **바른삼각형**, **바른사각형**이라고 한단다.
　그러면 **바른사각형** 여섯 개로 둘러싸인 입체 도형은 북한말로 뭐라고 할까? 맞아. **바른육면체**야. 주사위나 각설탕 같은 것들이 바로 **바른육면체**지.

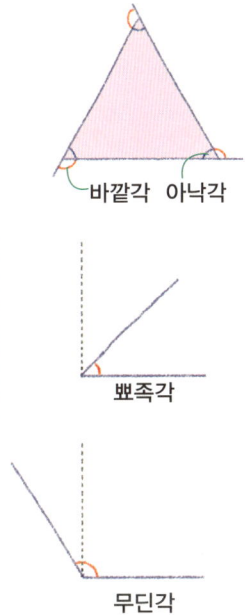

이번에는 도형의 여러 가지 각에 대해서 알아보자꾸나.

내각은 다각형 안의 각이고, 외각은 다각형 밖의 각이란다. 위의 삼각형 그림을 보면 내각과 외각에 대한 이해가 쉬울 거야.

내각과 외각을 합하면 언제나 180°야. 예각은 크기가 0°보다 크고 90°(직각)보다 작은 각, 둔각은 크기가 90°보다 크고 180°보다 작은 각을 말해.

이를 북한에서는 각각 **아낙각**, **바깥각**, **뽀족각**, **무딘각**이라고 부른단다.

북　돌: 선생님, 질문 있습네다.
선생님: 그래, 북돌아, 이해 안 되는 거라도 있니?
북　돌: **아낙각, 바깥각, 뾰족각, 무딘각**은 너무 쉽디요. 그런데 동위각이라는 게 뭡네까? 내래 이해할 수가 없시오.

동위각 ♡ 같은자리각

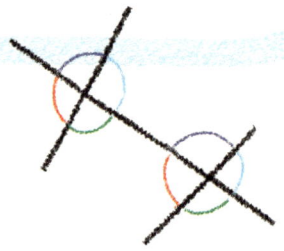

선생님: 북한에서 **같은자리각**이라고 하는 말과 같은 거야. 북돌아, **같은자리각**에 대해 배운 적 있니?
북　돌: 내래 **같은자리각**은 잘 알디요. 두 개의 직선이 다른 한 직선과 만나서 생긴 각 중 같은 위치에 있는 두 개의 각을 말하는 것 아닙네까?

선생님: 잘 이해하고 있구나. 그러면 **꼭맞기**는 뭔지 아니?
북　돌: 모양과 크기가 완전히 같은 두 도형 아닙네까?
선생님: 와우, 이제 봤더니 북돌이 수학 천재로구나!
　　　　꼭맞기는 남한에서 합동이라고 불러. 두 도형이 합동이면 두 도형을 포갰을 때 크기와 모양이 꼭 맞는단다.

합동 ♡ 꼭맞기

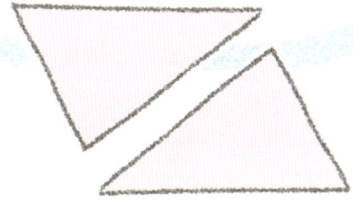

자, 이번에는 등호, 부등호에 대해 알아볼까?

등호는 같음을 나타내는 기호이고, 부등호는 두 수의 크기를 비교하기 위해서 만든 기호야. '8-5는 3과 같다.'는 등호를 사용해서 '8-5=3'이라고 쓰고, '5는 x보다 크다.'는 부등호를 사용해서 '5>x'라고 쓰는 것이란다.

수학 용어

등호 ♡ 같기기호 · 같기표
부등호 ♡ 안같기기호

$=, <, >, \leq, \geq, \neq$

북　돌: 그거이 **같기기호**랑 **안같기기호** 말하는 거입네까?
선생님: 그래, 맞아. 그러면 등식과 부등식을 북한에서는 뭐라고 할까?
북　돌: 등호, 부등호가 **같기기호**, **안같기기호**이니까 등식, 부등식은 **같기식**, **안같기식**이갔지요.
선생님: 북돌이 진짜 똑똑하네.

등식 ♡ **같기식**
부등식 ♡ **안같기식**

$$16 \le x \le 22$$
$$1+y = y+1$$

그래. 쉽게 말해 등호를 사용한 식은 등식, 부등호를 사용한 식은 부등식이야. 등식은 같다는 걸 보여 주는 식이니까 북한에서는 **같기식**이라고 하는 거지.

항등식 ♡ 늘같기식

식에 포함된 문자에 어떠한 수를 넣어도 항상 성립하는 등식을 항등식이라고 해. 북한에서는 **늘같기식**이라고 하지.

정수 ♡ 옹근수
소수 ♡ 씨수

자연수와 0, 그리고 0보다 작은 수(음수)를 합쳐 정수라고 해. 북한에서는 **옹근수**라고 하지.

또 2, 3, 5, 7, 11 … 17 같은 수를 북한에서는 **씨수**라고 한단다. 1과 자기 자신 이외의 수로 나누어 떨어지지 않는 수, 즉 남한의 소수를 말하지.

남한에는 소수가 하나 더 있어. 1의 자리보다 작은 자릿값을 가진 수 말이야. 예를 들어 사과 하나를 네 쪽으로 자르면 분수로는 $\frac{1}{4}$개이고, 소수로는 0.25개가 되는 거란다. 북돌아, 북한에서는 이걸 뭐라고 하지?

수학 용어

북돌: 그건 북조선에서도 소수라고 하디요. 그러면 내래 동무들에게 문제 하나 내갔소. '0.333333…' 같은 소수를 북조선에서 뭐라 하는디 아니?

남순: 나! 나 알아! 그거 순환소수잖아. 소수점 아래 숫자가 한없이 되풀이되는 소수.

북돌: 누가 남조선말 알려 주라 했네?
북조선에서는 **무한되풀이소수**라고 하는 거이야.

남순: 아, 순환소수를 북한말로 뭐라고 하는지 물은 거였구나.

순환소수 ♡ **무한되풀이소수**
역수 ♡ 거꿀수

북　돌: 선생님, 동무들에게 문제 하나 더 내도 되갔시오?

선생님: 그러렴. 북돌이가 무슨 질문을 할지 기대되는구나.

북　돌: 동무들, 북조선에서 **거꿀수**라고 하는 것을 남조선에서 뭐라고 하는디 아는 동무 있으면 말해보라우. 그러니까 7의 **거꿀수**는 $\frac{1}{7}$이고, $\frac{5}{8}$의 **거꿀수**는 $\frac{8}{5}$이라고 말하디.

남　순: 어떤 수를 곱해서 1이 되게 하는 수를 말하는구나! 그건 남한에서 역수라고 해.

0.79797979······

7과 $\frac{1}{7}$, $\frac{5}{8}$와 $\frac{8}{5}$

　지금까지 살펴본 수학 용어가 어땠니? 한자어보다는 우리말로 풀어 쓰는 북한의 수학 용어가 더 쉽게 다가오는 것 같지 않니?

'글동무'

  '글동무'는 남한말을 북한말로 바꾸어 주는 애플리케이션이에요. 남북한 언어 차이로 학습에 어려움을 겪는 탈북 청소년들을 돕기 위해 개발되었지요.

  지금은 남한의 고등학교 국어 교과서에 나오는 단어를 주요 콘텐츠로 사용하고 있지만, 점차 여러 교과목과 신문 등을 기반으로 생활, 문화 영역까지 콘텐츠의 범위를 확대할 예정이라고 해요.

  스마트폰이 있다면 '플레이 스토어' 또는 '앱스토어'에서 글동무 앱을 다운로드할 수 있어요. 알고 싶은 해당 북한말을 직접 검색할 수도 있고, 카메라로 단어를 스캔하면 해당 북한말을 알려 주거나 쉽게 설명해 준답니다.

● 통일이 되면 남북한에 어떤 점이 좋을지 생각해 보고, 그중 열 가지를 적어 보세요.

12장

IT 용어

IT 용어

컴퓨터 ♡ **콤퓨터**

노트북 ♡ **노트형콤퓨터**

모니터
♡ **영상표지말단 · 감시기**

키보드
♡ **자모건 · 콤퓨터건반**

컬러프린터 ♡ **천연색인쇄기**

라우터 ♡ **경로기**

자, 이번 시간은 여러분이 좋아하는 컴퓨터 시간이야. 컴퓨터와 함께 사용하는 여러 가지 장치를 북한에서 어떻게 부르는지 알아볼까?

모니터는 컴퓨터에서 나오는 영상과 신호를 그림 형식으로 표시하는 장치야. 쉽게 말해 텔레비전과 같은 기능이지. 그래서 북한에서는 이를 **영상표지말단**이라고 불러.

또 키보드는 한글의 자음과 모음이 있는 건반이라는 의미에서 **자모건**이라고 부른단다.

IT 용어

선생님: 북돌이 너 컬러프린터나 라우터를 본 적 있니?

북　돌: **천연색인쇄기**와 **경로기**는 이제 필수품이디요. 교실에서 **콤퓨터**로 CBT 시험을 치르는 게 북조선 현실입네다. 고거이 책상에 설치된 **콤퓨터**로 수학 문제를 풀면, 시험이 끝나자마자 **영상표지말단**에 점수가 뜨디요. 남한 동무들, 가상 현실은 아는디 모르갔시오.

남　순: VR? 버추얼 리얼리티! 나 그 게임도 해 봤는데!

북　돌: 요즘은 가상 현실을 체험할 수 있는 최첨단 기술을 게임에서 많이 사용하고 있디.

선생님: 똑소리 나는구나, 우리 북돌이!

업데이트 ♡ **갱신**

백업 ♡ **예비 복사**

백신 ♡ **왁찐**

컴퓨터를 새것처럼 유지하려면 프로그램들을 제때 업데이트하는 것이 중요해. 북한에서는 이를 **갱신**한다고 표현한단다.

또 컴퓨터에 저장한 자료들은 자주 백업해 주는 것이 좋아. 바이러스에 감염되면 소중한 자료가 다 날아가 버리니까 말이야. 북한식으로 말하면 **예비 복사**를 자주 해 둬야 하는 거지.

북한에서도 컴퓨터 바이러스 피해를 막기 위해 백신 프로그램을 꾸준히 개발하는데, 최근 뉴스를 보니 '실리 **왁찐**Sili Vaccine'이라는 프로그램이 소개되었더구나.

IT 용어

네티즌 ♡ **망시민**

인터넷 서핑 ♡ **망유람**

온라인 게임 ♡ **직결 유희**

랜(LAN) ♡ **국부망**

비밀번호 ♡ **통과암호**

업로드
♡ **올리적재 · 올려싣다**

다운로드
♡ **내리적재 · 내려싣다**

컴퓨터로 여러 가지 일을 할 수 있다는 건 이미 잘 알고 있을 거야. 특히 인터넷에 접속하면 매우 다양한 일을 할 수 있어.

북한에서는 인터넷을 **인터네트**라고 불러. **인터네트**에 접속하면 메신저로 **망시민**들과 이야기도 나눌 수 있고, **망유람**을 하다가 **직결유희**도 할 수 있지. **노트형콤퓨터**를 가지고 나가면 외부에서도 무선 **국부망**에 접속해서 **인터네트**를 할 수 있어.

다들 전자 우편 계정은 가지고 있겠지? 그런데 너무 쉬운 **통과암호**를 사용하면 **콤퓨터침해자**가 침입할 수 있으니 조심해야 해.

* **콤퓨터침해자**: 해커

IT 용어

북　돌: 선생님, 내래 그 **통과암호**를 어렵게 만들어 놓으니 맨날
　　　 잊어먹지 않갔시오. 또 전자 우편을 사용하다 보면 **페품우편**이
　　　 많이 와서 문제라오. **회수통**에 버리는 게 일입네다, 일.
선생님: 그렇지. 요즘엔 홍보성 스팸 메일이 너무 많아 문제이긴 해.
　　　 그래도 자료나 사진을 쉽게 주고받을 수 있으니 편하지 않니?
북　돌: 맞습네다. 공부 자료를 전자 우편에 **올리적재**해서 동무에게
　　　 보내면 동무가 **내리적재**할 수 있으니까 참말로 편하디요.

＊**페품우편**: 스팸 메일
＊**회수통**: 휴지통

스크롤바 ♡ **흘림띠**

스크롤 ♡ **화면흘리기**

캡처 ♡ **화면얻기**

너희도 웹 서핑을 할 때 여러 사이트를 방문할 거야. 이때 창 안에서 정보를 모두 볼 수 없을 경우 이용하는 것이 바로 스크롤바란다. 스크롤 화살표를 클릭하거나 스크롤 상자를 드래그 하면서 이동시키지. 스크롤바를 북한에서는 **흘림띠**라고 불러.

검색을 하다가 마음에 드는 정보나 이미지를 보면 저장해 두었다가 나중에 또 보고 싶을 때가 있지? 이때 화면을 캡처해 두면 편해. 화면을 캡처하는 것을 북한말로는 **화면얻기**라고 한단다.

함께 읽어 보아요

여기가 북한 식당 맞아요?

 평양 비로봉 식당과 해당화관 식당의 메뉴판은 최신식 전자 메뉴판으로 되어 있어요. 우리가 보통 태블릿 컴퓨터라고 부르는 **판형 콤퓨터**를 사용하지요. 이는 2013년에 자체적으로 개발했다고 해요. 종업원은 종이 메뉴판 대신 이 태플릿 컴퓨터를 가지고 다니며 주문을 받고, 주문 받은 메뉴들을 테이블에서 직접 입력하지요.
 또 조선중앙은행과 조선컴퓨터센터가 합작하여 북한식 신용 카드 시스템도 개발했어요. 평양 시내에 거주하는 재력 있는 북한 사업가나 외국인 사업가들은 식당에서 신용 카드를 사용해요.
 이 외에도 신기술로 만든 제품 사용이 북한 전반에 걸쳐 확대되고 있답니다.

● 지금 한국에는 탈북하여 정착한 많은 북한 동포가 있어요. 그런데 정착 과정이나 이후 생활에 여전히 많은 어려움이 있다고 해요. 통일을 위해 우리가 준비해야 할 것들이 무엇인지 생각해 보고, 그중 다섯 가지를 적어 보세요.

글 | 글씸(U&J)

글씸(U&J)은 글쓰기를 좋아하고 글의 힘을 믿는 사람들로 이루어진 창작 집단입니다. 각 분야의 전공자들과 전·현직 초·중등학교 선생님들, 전문 작가들이 모여 다양한 분야의 글을 쓰고 있습니다. 아이들에게 꿈과 희망을 심어 주고 세상에 대한 호기심을 채워 주기 위해 글씸(U&J)은 오늘도 알차고 재미있고 상상력 가득한 이야기를 쓰고 있습니다.

그동안 집필한 도서로는 『스타 성공학』, 『대륙 갔다 반도 찍고 섬나라로!』, 『나도 스타 크리에이터가 될 거야』, 『미래는 만들어가는 자의 것이다』, 『야호! 동물원』, 『야호! 식물원』, 『야호! 아쿠아리움』, 『숨은 권력, 미디어』, 『인류만이 남기는 흔적, 쓰레기』, 『미래 세계의 중심, 인공지능』을 비롯하여 『동물들은 내 친구』 10권 시리즈, 『전래동화』 5편, 『위인전』 5편, 『삼국유사 삼국사기』 64권 시리즈, 『헤르만 헤세 아저씨가 들려주는 어린이를 위한 생각동화 1, 2』, I NEED 시리즈 『비상! 바이러스의 습격』, 『친구에게』, 『바닷속에는 무엇이 있을까?』, 『지구의 어린이들에게』, 『아빠가 보고 싶어』, 『산 위에서』, 『바다 속에서』, 『숲 속에서』, 『밀림 안에서』 등이 있습니다.

그림 | 이명선

이명선은 성신여자대학교에서 디자인을 공부했고, 어린이책 출판사 미술부에서 오랜 기간 근무하며 다양한 그림을 그려 왔습니다.

그린 책으로는 『재미 쏙 상식 쏙 잡학 사전』, 『똑똑한 어린이 영어 사전』, 『개념 쏙 실력 쏙 초등학생 과학 사전』, 『지구 바다 날씨 환경』, 『미스터리 괴물 X파일』, 『공룡이 될래요』, 『오리고 붙여 만들기』, 『아빠는 방랑요리사』, 『집 없는 아이』, 『이상한 나라의 앨리스』, 『사랑의 가족』, 『꼬마 철학자』, 『베니스의 상인』, 『그림 형제 동화집』, 『햇살 왕자』, 『초등학생을 위한 8급 한자』, 『한 권 가득 일러스트 그리기』 등이 있습니다.

감수 | 강경민

강경민은 평양에서 소학교(초등학교)와 중학교(중학교 겸 고등학교)를 다니고 김일성종합대학을 졸업하였습니다. 지금은 북한말 감수와 함께 북한 문화를 전달하는 일에 힘쓰고 있습니다.

※ 이 책에 사용된 북한말은 『표준국어대사전』의 표기를 따랐으며, 북한의 지역이나 기관에 따른 차이가 있을 수 있습니다.